【令和6年度 介護報酬改定対応】

運営指導はこれでOK!
おさえておきたい

算定要件

小規模多機能・グループホーム編
(小規模多機能型居宅介護・認知症対応型共同生活介護)

小濱道博 著

第一法規

はじめに　今後の介護事業経営における加算算定の重要性

■ 過去最大規模となった令和6年度介護報酬改定

　令和6年度介護報酬改定は、過去最大規模の改定となりました。それは、変更項目が過去最大という意味でもあります。人員基準、運営基準はもとより、既存の加算の多くに、算定要件の変更がありました。今回の改定にあたる審議では、複雑化する算定要件の簡素化も大きなテーマでした。確かに、新たな介護職員等処遇改善加算における要件など、簡素化されたものもあります。しかし、全体的に見て簡素化されたという実感は薄いと感じます。通所介護における入浴介助加算での入浴介助研修要件の追加など、負担が増えたと感じる改定項目も多くあります。

■ 既存の加算の改定にも目を向けて

　前回の改定辺りから、既存の加算の算定要件が変更となることが増えています。それまでの介護報酬改定では、基本報酬の増減と新加算の創設が主な内容であったため、新加算を算定しない場合は、特に日常業務の内容を見直す必要がありませんでした。改定内容にアンテナを張ることもなく、単に従来通りの業務をくり返すだけで足りた時代がありました。今は、自らセミナーに参加するなどして、最新情報にアンテナを張らないとならない時代となっています。入浴介助研修を行わずに加算算定を続けた事業所は、運営指導において返還指導を受けることになります。

■ 体制届の漏れに注意

　また、体制届のルール変更も大きな改定でした。従来は、減算に該当する場合に体制届を提出していました。今回からは、減算に該当しない旨の届出を提出しないと、無条件で減算対象とみなされます。BCP、高齢者虐待防止及び介護保険施設における栄養マネジメントの減算がこれに当たります。介護事業者は、この変更を知らなかったでは済まされません。さらに、令和6年3月で約3年続いたコロナ禍特例も廃止となっています。今後は、新型コロナ感染などを理由とした人員の欠員は、無条件で減算につながっていきます。

■ 加算を算定する意義

　これまで、介護事業者の中には加算の算定をあえて避ける風潮もありました。それは、加算の算定によって利用者の自己負担が増加することなどから、担当のケアマネジャーが加算算定の少ない事業者を優先する傾向もあったためです。これは介護業界の平均利益率が8％を超えていた過去の時代の考え方でした。当時は基本報酬だけで収益の確保は十分で、加算を算定することはもうけ主義であるというような評価もあったためです。この傾向は、いまだにケアマネジャーの一部が引きずっているようです。

　しかし、令和6年度介護報酬改定において基本報酬の引き上げが実質的に叶わなかったことから、加算算定が重要なテーマとなっています。そもそも加算とは、国が介護事業者に求めるハードルに報酬をつけたものです。加算をより多く算定する事業所は、質の高いサービスを行っていると評価されるのです。加算の算定ができない事業所は、国の求めるレベルに達していない事業所ともいえます。

　どのような商品やサービスでも質の高いものは価格も高いのです。価格の安いものはそれなりです。介護サービスも同様で、利用者負担は一部に過ぎません。介護事業の経営においても、加算の算定が明暗を分けます。報酬改定の審議においてメリハリという言葉が何度も語られました。今回はメリハリの改定です。どこかを引き上げたら、どこかを引き下げる。これがメリハリです。

　例えば、訪問介護は基本報酬が2％以上も引き下げられました。訪問介護は、加算の種類が少ないサービスです。そのような状況で、特定事業所加算の算定が重要になっています。新区分Ⅳは3％の加算率であり、この区分を算定することで基本報酬のマイナスは補填できます。問題は、会議や文章での伝達といった基本要件での事務負担の増加です。事務負担の軽減策は、業務効率化とICT化が一般的です。ICT補助金や助成金を有効活用することも必要です。今後は、有効なアドバイスができるブレーン確保や、業務負担を軽減するためのオンラインサービスの活用がキーポイントになるでしょう。従来の手法が通じなくなっています。「今までが」ではなく、「これからどうするか」です。思考の転換が急務です。

　このような環境変化の中で、この本を経営の一助としてご活用いただければ幸いです。

運営指導の「リスク」は何か

■ 令和4年度の介護事業者の指定取消し、全部停止、一部停止とした行政処分件数は86件

　介護事業者の行政処分件数は、平成25年から平成29年まで5年連続で200件を超えていました。しかし、平成30年以降は減少傾向にあります。平成30年度は、居宅介護支援事業所の指定の権限が都道府県から市町村に移譲され、同時に運営指導についても移譲されたことが原因としてあげられます。令和元年度については令和2年初頭からのコロナ禍の影響で、ほとんどの自治体で運営指導が中止もしくは延期されたことが大きかったとされています。また、令和元年5月に発出された通知「介護保険施設等に対する実地指導の標準化・効率化等の運用指針について」によって、運営指導の方向が激変しました。この通知は、運営指導を効率化して年間の指導件数を増やすことが主たる目的です。従来は一日作業であった現地指導を半日に短縮して、一日に複数件の運営指導を行うように求めました。これによって、現在は半日型の運営指導が全国的に増えています。これにより、運営指導の実施率が上がっていくことも考えられます。

■ ローカルルールも確認を

　毎年6月は、新年度の運営指導が本格的にスタートする月です。自治体は4月に人事異動があるためです。運営指導を担当する地方公務員の異動の頻度は、3年から4年に1回程度が一般的です。これは、同じ部署を長期間担当しないことで不正や汚職を防止するという意味もあります。そのため、地域によっては介護保険を所轄する部署の担当課長などが3年程度で替わるたびに、ローカルルールが変わる問題も起こっています。自治体は、事業者から説明を求められた場合には、ローカルルールの必要性を説明する必要があるとされています。疑問点があれば、必ず自治体に確認してください。

介護サービス事業を営む上での一番大きな経営リスクは 指定の取消し処分

　令和4年度に指定取消し・停止処分となった介護サービスは、訪問介護・短期入所生活介護が最も多く、それぞれ13件、2番目が居宅介護支援で12件です。小規模多機能型居宅介護は1件、認知症対応型共同生活介護が0件でした。

　介護事業の許認可を申請する段階で、経営者の誓約書を提出しているはずです。この誓約書は法令を遵守することの誓約ですから、介護事業者は、自らの法令知識の不足を、役所の説明不足と言い逃れることはできません。自己責任において最新の法令、基準、通知、Q&Aなどを取得して確実に消化しなければならないのです。

リスクは指定の取消し処分だけではない 介護報酬の返還指導、改善報告を求められることも多い

　リスクは、指定取消し等の営業を継続することが不可能となるような処分だけではありません。その他の指導の件数は非常に多く、他人事とはいえない状況です。令和4年度の運営指導の結果、**半数以上の事業所が「改善報告」を求められ、1割以上の事業所が「過誤調整」**を指示されています。

　過誤調整では、間違った介護報酬の請求をしていたため、返還を指導されたということになります。せっかく得た介護報酬を失うだけではなく、請求金額に誤りがあったということは、利用者の信用を失うことにもつながります。また改善報告にしても、作成するための労力を費やすこととなってしまいます。

■ **虐待が疑われる場合は事前通知なしの指導が可能となっている**

　現制度では、「虐待が疑われる」という曖昧な状況では、無通知で運営指導ができるようになっています。したがって、運営指導がいつ来ても対応できるように、日常的なコンプライアンス体制の確保が重要です。

■ 運営指導で指摘事項ゼロは実現できる

　コンプライアンス対策以前に、制度を知らない介護事業者が多いのも事実です。しかし、介護事業所にとって運営指導で指摘事項がゼロであることは当然のことなのです。

　運営指導対策やコンプライアンスの理解は、経営陣や責任者だけが学んでも意味がありません。**全職員レベルで法令の理解を進めて、日頃から自信をもって仕事をしていけるような職場作りが大切です。**

　職員一人ひとりが運営基準など制度について正しい知識をもっていれば、職員同士で間違いがないか確認し合うことができます。指摘事項がない事業所は、このようにして事前にチェックできる体制が整っているのです。

■「忙しい」「面倒だから」は命取りになる

　コンプライアンス対策の手抜きは介護報酬の返還等につながります。「自分は理解しているから大丈夫」という慢心や、「面倒だから」という油断が行政指導に直結します。

　また、コンプライアンスは運営指導のためだけではありません。運営基準は安全にサービスを提供するために定められているものです。事業所を守るためだけではなく、利用者を守ることにもつながります。「誰のためのサービスか」ということを振り返り、その大切さを認識してください。

■ 日頃からの準備・対策が基本！

　運営指導がいつ来てもよいように、日頃からの準備が大切です。運営指導でおさえておくべきポイントは、まず職員の配置、設備の基準、利用者への適切な説明ができているかを確認するいわゆる「**運営基準**」と、適切な介護報酬を請求する条件を満たしているかという「**算定要件**」です。

　本書では、第1章で運営基準、第2章で算定要件の解説をしています。特に算定要件についての理解が深まると積極的に加算を取得していくことができ、事業所の経営にも大きなメリットをもたらします。

　また、実際に指摘された事例も紹介しています。いつ、どこで起きてもおかしくない例として捉えてください。

令和6年度介護報酬改定の総括
(小規模多機能・グループホーム)

■ **令和6年度介護報酬改定率**

　令和6年度介護報酬改定率は、現実的には0.61%のプラスにとどまりました。この数字は、前回の0.7%を下回ります。小規模多機能型居宅介護も認知症対応型共同生活介護も、基本報酬では0.2〜0.3%程度のアップとなっています。近年の物価上昇を考えると、実質的にマイナス改定です。公表された改定率1.59%には、0.98%の処遇改善部分が含まれています。2月から実施された6,000円相当の処遇改善は介護職員支援補助金として5月まで実施され、6月より令和6年度の報酬アップ分として、新たに一本化される介護職員等処遇改善加算に組み込まれています。いわゆる、数字のマジックです。問題は、その事務負担です。6月からの介護職員等処遇改善加算の算定準備を含めると、事務方の負担が同時期に集中します。また、6,000円相当の処遇改善は2.0%程度の賃上げに相当するとされています。この数字も、日本経済新聞の賃金動向調査による賃上げ率3.89%に遠く及びません。いずれにしても、介護事業の経営者は、介護報酬に頼ることなく、自社努力による経営改善が強く求められる結果となりました。

■ **メリハリの改定**

　小規模多機能型居宅介護には、総合マネジメント体制強化加算に上位区分が設けられました。もちろん、新たな算定要件というハードルを越えないと算定できません。その上位区分は既存のものより200単位のプラスですから、この算定は必須です。では、この200単位はどこからもってきたのか。それは、既存の区分1000単位を800単位に減額してつけ替えたのです。この手法は、他の加算でも多く見受けられます。今回の報酬審議においてメリハリという言葉が何度も語られました。今回はメリハリの改定です。どこかを引き上げたら、どこかを引き下げる。これがメリハリです。この考え方は、認知症関連の加算にも取り入れられました。

■ **新たな減算に注意**

　BCP作成と高齢者虐待防止措置の未対応事業所には減算が適用されます。BCP

コラム　令和6年度介護報酬改定の総括（小規模多機能・グループホーム）

は特例措置があり、基本的には令和7年4月からですが、高齢者虐待防止措置は令和6年4月から適用されます。注意すべきは、BCPの義務化は令和6年4月からであることには変わりはないということです。減算とならなくても、運営指導で運営基準違反として指導対象となります。小規模多機能型居宅介護には、新たに身体拘束廃止未実施減算が適用されます。経過措置は1年です。身体拘束にかかる委員会の開催、指針の整備、それに基づく研修の実施が必要です。

　過去最大の変更項目となった令和6年度介護報酬改定への対応は、過去にないほどの大きな事業所への負担となっています。しっかりと整理・整頓して挑む必要があります。

目次

はじめに　今後の介護事業経営における加算算定の重要性……… iii
運営指導の「リスク」は何か……………………………………………… v
コラム　令和6年度介護報酬改定の総括（小規模多機能・グループホーム）…… viii
介護保険のルールと本書の活用について ………………………………… xiv

第1章
人員・設備・運営基準　－指定取消しにならないために－

1 小規模多機能型居宅介護　人員基準 ………………………… 2
- ●解説　地域密着型サービスの提供に必要な認知症に関する研修 ……… 9
- ●解説　サテライト事業所の要件 ………………………………………… 10
- ●解説　常勤と非常勤、専従と兼務 ……………………………………… 12
- ●解説　常勤換算方法 ……………………………………………………… 15

2 小規模多機能型居宅介護　設備基準 ………………………… 16

3 小規模多機能型居宅介護　運営基準 ………………………… 20
- (1) 運営規程、重要事項説明書、契約書 ………………………………… 20
- (2) 個人情報の保護、秘密保持 …………………………………………… 23
- (3) その他の運営基準 ……………………………………………………… 26
  - ●解説　身体的拘束等の適正化を図る措置 ……………………………… 40
  - ●解説　高齢者の虐待の発生等を防止する措置 ………………………… 42
  - ●解説　感染症の予防及びまん延の防止のための措置 ………………… 44
- (4) ケアマネジメントプロセス …………………………………………… 46
- (5) 会計の区分 ……………………………………………………………… 51
- (6) 管理者の責務等 ………………………………………………………… 55
- (7) 運営推進会議 …………………………………………………………… 57
- (8) 介護現場の生産性の向上 ……………………………………………… 61

4 認知症対応型共同生活介護　人員・設備・運営基準 ……………………… 63
　(1) 人員基準 …………………………………………………………………… 63
　処分事例1　夜勤者を未配置のまま夜間に利用者を受け入れ …………… 69
　(2) 設備基準 …………………………………………………………………… 70
　(3) 運営基準 …………………………………………………………………… 71

第2章
介護報酬の算定要件　－報酬返還にならないために－

1 小規模多機能型居宅介護 …………………………………………………… 94
　(1) 小規模多機能型居宅介護費 ……………………………………………… 94
　(2) 定員超過利用減算 ………………………………………………………… 98
　(3) 人員基準欠如減算 ………………………………………………………… 100
　(4) 過少サービスに対する減算 ……………………………………………… 102
　(5) 特別地域小規模多機能型居宅介護加算 ………………………………… 104
　(6) 中山間地域等における小規模事業所加算 ……………………………… 105
　(7) 中山間地域等に居住する者へのサービス提供加算 …………………… 106
　(8) 認知症加算 ………………………………………………………………… 108
　(9) 看護職員配置加算 ………………………………………………………… 112
　(10) 看取り連携体制加算 ……………………………………………………… 114
　(11) 訪問体制強化加算 ………………………………………………………… 117
　(12) 総合マネジメント体制強化加算 ………………………………………… 119
　処分事例2　代表者による虐待行為 ………………………………………… 123

2 認知症対応型共同生活介護 ………………………………………………… 124
　(1) 認知症対応型共同生活介護費 …………………………………………… 124
　(2) 夜勤職員の勤務条件を満たさない場合 ………………………………… 128
　(3) 定員超過利用減算 ………………………………………………………… 129

- (4) 人員基準欠如減算 130
- (5) 夜間支援体制加算 131
- (6) 入院時費用 136
- (7) 看取り介護加算 138
- (8) 協力医療機関連携加算 142
- (9) 医療連携体制加算 144
- (10) 退居時情報提供加算 148
- (11) 退居時相談援助加算 150
- (12) 認知症専門ケア加算 152
- (13) 認知症チームケア推進加算 156
- (14) 口腔衛生管理体制加算 160
- (15) 栄養管理体制加算 162
- (16) 高齢者施設等感染対策向上加算 164
- (17) 新興感染症等施設療養費 167

3 共　通 168

- (1) 身体拘束廃止未実施減算 168
- (2) 高齢者虐待防止措置未実施減算 170
- (3) 業務継続計画未策定減算 172
- (4) 初期加算 174
- (5) 認知症行動・心理症状緊急対応加算 176
- (6) 若年性認知症利用者受入加算 178
- (7) 生活機能向上連携加算 180
- (8) 口腔・栄養スクリーニング加算 184
- (9) 科学的介護推進体制加算 186
- (10) 生産性向上推進体制加算 188
- (11) サービス提供体制強化加算 192
- (12) 介護職員等処遇改善加算 196
  - ●解説　令和6・7年度のベースアップについて 205
  - ●解説　介護職員等処遇改善加算（Ⅴ） 206

- ●解説　キャリアパス要件……………………………………………208
- ●解説　職場環境等要件………………………………………………211
- ●参考　認知症高齢者の日常生活自立度判定基準……………………213

第3章
【共通】介護保険外の料金、サービスとの関係

- (1) その他の日常生活費……………………………………………216
- (2) 高齢者住宅併設の場合…………………………………………218
- (3) 共生型サービス…………………………………………………220

介護保険のルールと本書の活用について

　地域密着型サービスの提供に当たっては、介護保険法をはじめ、運営基準や介護報酬について定めた法令や通知、条例を遵守しなければなりません。法令等にはさまざまなものがありますが、次のものは最低限おさえておきましょう。

●人員・設備・運営基準

種別	法令・通知名	番号
省令	指定地域密着型サービスの事業の人員、設備及び運営に関する基準	平成18年3月14日厚生労働省令第34号
通知	指定地域密着型サービス及び指定地域密着型介護予防サービスに関する基準について	平成18年3月31日老計発第0331004号、老振発第0331004号、老老発第0331017号
条例※	「○○市地域密着型サービス等の事業の人員、設備及び運営等に関する基準を定める条例」など、市町村で制定する人員・設備・運営に関する基準を定めた条例	

※人員・設備・運営に関する基準については、各市町村が省令をベースにして、地域の特性に合わせた**独自の条例**を制定しています。事業所の所在する地域の条例を必ず確認しましょう。

●介護報酬

種別	法令・通知名	番号
告示	指定地域密着型サービスに要する費用の額の算定に関する基準	平成18年3月14日厚生労働省告示第126号
告示	厚生労働大臣が定める基準	平成27年3月23日厚生労働省告示第95号
告示	厚生労働大臣が定める基準に適合する利用者等	平成27年3月23日厚生労働省告示第94号
告示	厚生労働大臣が定める施設基準	平成27年3月23日厚生労働省告示第96号
通知	指定地域密着型サービスに要する費用の額の算定に関する基準及び指定地域密着型介護予防サービスに要する費用の額の算定に関する基準の制定に伴う実施上の留意事項について	平成18年3月31日老計発第0331005号、老振発第0331005号、老老発第0331018号

注意!
→ 本書の内容は、上記法令（告示・省令・通知）等の一般的な解釈に基づくもので、**各地域の条例やローカルルールのすべてを網羅するものではありません**。実際の運用に当たっては、条例の規定と保険者（市町村）の意見等を確認してください。
→ 本書の内容は、**令和6年6月1日現在**の法令の規定内容に基づいて作成しています。
→ 法令・条例や通知は改正されることがありますので、**常に最新の情報を確認するようにしてください**。

第 1 章

人員・設備・運営基準

―指定取消しにならないために―

1 小規模多機能型居宅介護　人員基準

　小規模多機能型居宅介護は、「通い（通所）」を中心に、「訪問」「宿泊」を組み合わせた多様なサービスの提供をすることが特徴で、サービスの提供時間は、「日中」と「夜間」で区別されています。
　そのため、勤務形態や職種の多様性があり、それぞれの基準を満たしながら、これらをうまく組み合わせて人員配置を考えます。複雑になるために、基準を満たさない状況になっていないかを常に確認しましょう。

人員基準を満たすのはこんな配置！

代表者	管理者	計画作成担当者 （介護支援専門員）	介護従業者	
			介護従業者	看護師又は准看護師
1人	1人	1人	1人+α	1人

- 経験と研修が必要！
- 経験と研修が必要！
- 研修を修了していることが要件！
- 通い、訪問サービスを両方担当するよ！
- 介護従業者のうち、1人以上。非常勤でもOK！

本体事業所とは別にサテライト事業所の基準あり！

➡ サテライト事業所については、「5 サテライト事業所の場合」8頁を参照

1 小規模多機能型居宅介護　人員基準

〈チェック事項〉

1 介護従業者

- □ 従業者のうち1人以上の者は常勤であるか
- □ 従業者のうち1人以上は、看護師又は准看護師であるか
- □ 通いサービスの提供に当たる者を常勤換算方法で、利用者数3人に対して1人以上置いているか
- □ 訪問サービスの提供に当たる者を常勤換算方法で、1人以上置いているか
- □ 従業者の配置の基準に係る利用者の数は、前年度の平均値としているか　新規に指定を受ける場合は、推定数によっているか
- □ 夜間及び深夜の時間帯を通じて従業者として次の者を配置しているか
    - □ 夜間及び深夜の勤務（宿直勤務を除く）に当たる者を1人以上
    - □ 宿直勤務に当たる者を宿直勤務に必要な数以上
    （宿泊サービスの利用者がいない場合の特例あり）
- □ 医療・福祉系の資格がない職員に認知症介護基礎研修を受講させているか

2 計画作成担当者

- □ 専従の介護支援専門員を配置しているか
- □ 介護支援専門員は小規模多機能型サービス等計画作成担当者研修を修了しているか

3 管理者

- □ 事業所ごとに、常勤専従の管理者を配置しているか
- □ 管理者が他の事業所を兼務する場合は、要件を満たしているか
- □ 3年以上認知症高齢者の介護に従事した経験を有しているか
- □ 認知症対応型サービス事業管理者研修を修了しているか

4 代表者

- [ ] 代表者は、以下のいずれかの経験を有しているか
    - [ ] 指定の施設において認知症である者の介護に従事した経験があるか
    - [ ] 保健医療サービス又は福祉サービスの経営に携わった経験があるか
- [ ] 認知症対応型サービス事業開設者研修を修了しているか

5 サテライト事業所の場合

- [ ] 訪問サービスの提供に当たる従業者を1人以上とする場合、本体事業所の職員によりサテライト型事業所の登録者の処遇が適切に行われているか
- [ ] 夜間及び深夜の時間帯を通じて宿直者を置かない場合、本体事業所で宿直勤務を行う者によってサテライト型事業所の登録者の処遇が適切に行われているか
- [ ] 看護師又は准看護師を置かない場合、本体事業所の看護師又は准看護師によって登録者の処遇が適切に行われているか
- [ ] 介護支援専門員に代えて、計画作成担当者を研修修了者とする場合、本体事業所の介護支援専門員によってサテライト型事業所の登録者に対して居宅サービス計画の作成が適切に行われているか
- [ ] 管理者を、本体事業所の管理者が兼務する場合、本体事業所の管理上支障がないか

1 介護従業者

- 日中に配置する介護従業者のうち 1 人以上は常勤職員である必要があります。
  → 「解説　常勤と非常勤、専従と兼務」12頁を参照
- 介護従業者のうち、**1 人以上は看護師又は准看護師を配置**します。非常勤でも可能で、毎日配置する必要はありません。同一敷地内、又は道路を隔てて隣接する事業所の業務に支障がない場合には、他の認められた施設等に従事することができます。
- 通いサービスでは利用者 3 人に対して 1 人以上、訪問サービス担当を 1 人以上配置します。この場合、それぞれのサービスで人員を固定するのではなく、**日中に勤務している介護従業者全体で、通い、訪問サービスの両方を担当します**。
- 例えば、常勤者の勤務時間が週 40 時間、1 日の勤務時間は 8 時間の事業所で、日中の時間帯を 9 時～ 20 時（11 時間）、通いサービスの利用人数が 15 人である場合、以下のような配置となります。

---
9 時～ 20 時の時間帯の中で介護従業者の勤務時間数は、
- 勤務時間 8 時間×通いサービスの定員 15 人／ 3 ＝ 40 時間
- 訪問サービスに必要とする従業者 1 人分として 8 時間
  → 合計で 48 時間分のサービス提供が確保される必要があります

- 利用人数の算出は、前年度の平均値として以下の通り計算します。

前年度の全利用者の延数
（1 日ごとの同時に通いサービス提供を受けた者の数の最大値を合計した数）
÷前年度の日数
（小数点第 2 位以下は切り上げ）

- 通いサービスの利用定員が減少した場合には、減員が 3 ヶ月以上ある場合、減員後の利用者の延数を延日数で除して得た数とします。
- 夜勤については、夜勤職員を 1 人以上、宿直職員を 1 人以上配置します。ただし、宿泊サービスの利用者がいない場合、夜間の時間帯を通じて利用者に対し訪問サービスを提供するために必要な連絡体制を整備している時は、夜勤職員を置かないことができます。

- 宿直職員については、登録者から連絡を受けた後、事業所から登録者の自宅へ訪問するのと同程度の対応ができるなど、随時の訪問サービスに支障がない体制が整備されている場合は必ずしも事業所内で宿直する必要はありません。
- 介護職員として配置する職員のうち、医療・福祉関係の資格をもたない職員には、認知症介護基礎研修の受講が義務づけられています。外国人介護職員も在留資格にかかわらず、義務づけの対象となります。

> **ポイント　夜間及び深夜の時間帯を設定する必要があります**
>
> 「夜間及び深夜の時間帯」は、利用者の生活サイクルに応じて、1日の活動終了時刻から開始時刻までを基本として、事業所ごとに設定します。また、その残りの時間帯を「日中の時間帯」と設定します。

> **注意！　宿直勤務には労働基準監督署の許可が必須！**
>
> 宿直又は日直の勤務を行っていて、労働基準監督署から許可を受けた場合は、労働時間の適用が除外されます。週40時間、1日8時間という法定労働時間について定めた労働基準法第32条の規定にかかわらず、労働者を使用することができます（労働基準法施行規則第23条）。許可を受けるためには、次の内容を満たす必要があります。
> 　a. 通常の勤務とは完全に切り離されている
> 　b. 睡眠設備を設置している
> 　c. 宿直勤務は原則として週1回を限度とする
> 　許可を受けた場合は、宿直勤務1回につき、通常勤務をした場合の賃金の1人1日平均額の3分の1以上の宿直手当を支払います。許可を受けない宿直勤務は、通常通り勤務したものとして、最低賃金法が適用されます。

> **ポイント　認知症介護基礎研修の受講義務がない介護職員**
>
> 介護職員のうち養成施設の卒業者については、卒業証明書や履修科目証明書で認知症科目の受講が確認できればよく、福祉系高校の卒業者は、卒業証明書により単に卒業が証明できれば、受講義務の対象外となります。一方、認知症サポーター等養成講座修了者は、受講義務の対象外とはなりません。

2 計画作成担当者

- 計画作成担当者は、専従（非常勤でも可能）の介護支援専門員である必要があり、**小規模多機能型サービス等計画作成担当者研修を修了**していることが要件です。介護支援専門員は、登録者の居宅サービス計画及び小規模多機能型居宅介護計画を作成します。
- 以下の場合で、利用者の処遇に支障がない場合は兼務が可能です。介護支援専門員は管理者と兼務することもできます。
  - a 事業所の他の職務に従事する場合
  - b 事業所に併設する以下の施設等の職務に従事する場合
    ①認知症対応型共同生活介護、②地域密着型特定施設、③地域密着型介護老人福祉施設、④介護老人福祉施設、⑤介護老人保健施設、⑥介護医療院

3 管理者

- 管理者は常勤専従で、特別養護老人ホーム、老人デイサービスセンター、介護老人保健施設、介護医療院、小規模多機能型居宅介護事業所、認知症対応型共同生活介護事業所、複合型サービス事業所（看護小規模多機能型事業所）等の従業者、訪問介護員等として**3年以上認知症高齢者の介護に従事した経験**が必要です。さらに、**認知症対応型サービス事業管理者研修の修了者**であることが要件です。
- 次の場合で、事業所の管理業務に支障がない場合は兼務が可能です。
  - a 事業所の他の職務に従事する場合
  - b 同一の事業者によって設置された、他の事業所、施設等の管理者又は従業者としての職務に従事する場合
    この場合の他の事業所、施設等の事業の内容は問われません。また、
    ・他の事業所等の管理者又は従業者としての職務に従事する時間帯も、利用者へのサービス提供の場面等で生じる事象を適時かつ適切に把握できること
    ・職員及び業務の一元的な管理・指揮命令に支障が生じないこと
    を満たすことが求められています。
    ただし、管理すべき事業所数が過剰と個別に判断される場合や、併設される入所施設の看護職員又は介護職員と兼務する場合、事故発生時等の緊急時において現場に駆け付けることができない体制となっている場合などは、管理業務に支障があるとして不可とされています。

4 代表者

- 代表者は、以下のいずれかの経験を有する者である必要があります。
    - a　特別養護老人ホーム、老人デイサービスセンター、介護老人保健施設、介護医療院、小規模多機能型居宅介護事業所、認知症対応型共同生活介護事務所、複合型サービス事業所（看護小規模多機能型事業所）等の従業者、訪問介護員等として認知症である者の介護に従事した経験
    - b　保健医療サービス又は福祉サービスの経営に携わった経験

> **ポイント　研修を修了していない者を代表者に変更する場合には必ず受講！**
> 　代表者の変更の場合で、代表者交代時に認知症対応型サービス事業開設者研修が開催されていないために研修を修了していない場合は、代表者交代の半年後又は次回の認知症対応型サービス事業開設者研修日程のいずれか早い日までに研修を修了することとなっています。

5 サテライト事業所の場合

- サテライト事業所では、訪問サービスの提供に当たる介護従業者を、常勤換算方法で1以上ではなく、1人以上配置することも可能です。そのためには、**本体事業所とサテライト事業所の訪問サービスが一体的に提供**され、それぞれの事業所登録者に対し、それぞれサービス提供ができる体制であることが求められています。また、当該事業所から離れた特別養護老人ホーム等の職員が同時的に従事することは認められません。
- サテライト事業所の計画作成担当者は、「小規模多機能型サービス等計画作成担当者研修」を修了している者であれば介護支援専門員に代わり、小規模多機能型居宅介護計画の作成に従事することができます。ただし、**居宅サービス計画の作成と市町村への届出の代行は、本体事業所の介護支援専門員が行わなければなりません。**

解説　地域密着型サービスの提供に必要な認知症に関する研修

　小規模多機能型居宅介護、認知症対応型共同生活介護などの地域密着型サービスで、代表者、管理者、計画作成担当者となるためには、それぞれ義務づけられている研修があります。また、短期利用認知症対応型共同生活介護費、認知症専門ケア加算などのように、介護報酬の算定要件として研修修了者を必要とするものもあります。

　そのため、職務を交代する場合には後任者がその要件を満たしているのかをよく確認すると共に、職員の研修受講は計画的に行いましょう。自治体によって実施内容や開催時期なども異なるため、すぐに研修を受講しようとしても間に合わない場合もあります。

　研修修了者が不在となることがわかった時点で、早めに市町村まで相談し、対応を協議してください。

○職務・サービスごとに修了が義務づけられている研修

	代表者	管理者	計画作成担当者
小規模多機能型居宅介護	・認知症対応型サービス事業開設者研修	・認知症介護実践者研修 ・認知症対応型サービス事業管理者研修	・認知症介護実践者研修 ・小規模多機能型サービス等計画作成担当者研修
認知症対応型共同生活介護	・認知症対応型サービス事業開設者研修	・認知症介護実践者研修 ・認知症対応型サービス事業管理者研修	・認知症介護実践者研修

解説 サテライト事業所の要件

　サテライト事業所（サテライト型小規模多機能型居宅介護事業所）とは、本体事業所と密接な連携の下に運営される事業所です。本体事業所と一体的に運営されるため、人員基準等が緩和されていますが、一定の質を担保するため、サテライト事業所は以下の要件を満たさなければなりません。

○法人に係る要件

　居宅サービス事業等その他の保健医療又は福祉に関する事業について3年以上の経験を有している必要があります。小規模多機能型居宅介護以外の事業の経験についても経験に算入できますが、休止等、事業を運営していない期間は除いて計算します。

○本体事業所に係る要件

本体事業所が次のいずれかに該当している必要があります。
- a　事業開始以降1年以上の本体事業所としての実績を有すること。
- b　本体事業所の登録者数が、定められた登録定員の100分の70を超えたことがあること。

○距離や事業所数に係る要件

さらに次に掲げる要件をいずれも満たしている必要があります。
- a　本体事業所とサテライト事業所の距離は、自動車等による移動に要する時間がおおむね20分以内の近距離であること。
- b　本体事業所に係るサテライト事業所の数は2ケ所までとすること。

小規模多機能型居宅介護事業所の本体事業所とサテライト事業所の比較

必要となる人員・設備等

			本体事業所	サテライト型事業所
代表者			認知症対応型サービス事業開設者研修を修了した者	本体の代表者
管理者			認知症対応型サービス事業管理者研修を修了した常勤・専従の者	本体の管理者が兼務可能
小規模多機能型居宅介護従業者	日中	通いサービス	常勤換算方法3：1以上	常勤換算方法で3：1以上
		訪問サービス	常勤換算方法で1以上（他のサテライト型事業所の利用者に対しサービスを提供することができる）	1以上（本体事業所又は他のサテライト型事業所の利用者に対しサービスを提供することができる）
	夜勤	夜勤職員	時間帯を通じて1以上（宿泊利用者がいない場合、置かないことができる）	時間帯を通じて1以上（宿泊利用者がいない場合、置かないことができる）
		宿直職員	時間帯を通じて1以上	本体事業所から適切な支援を受けられる場合、置かないことができる
	看護職員		小規模多機能型居宅介護従事者のうち1以上	本体事業所から適切な支援を受けられる場合、置かないことができる
介護支援専門員			介護支援専門員であって、小規模多機能型サービス等計画作成担当者研修を修了した者1以上	小規模多機能型サービス等計画作成担当者研修を修了した者1以上

※代表者・管理者・看護職員・介護支援専門員・夜間の宿直者（緊急時の訪問対応要員）は、本体との兼務等により、サテライト型事業所に配置しないことができる。

出典：介護給付費分科会 第149回（平成29年11月1日）資料

解説　常勤と非常勤、専従と兼務

○常勤とは

　常勤とは、雇用契約書に記載されている勤務時間が、就業規則で定められている勤務時間数（32時間を下回る場合は32時間）に達している職員をいいます。この場合、雇用契約の形態は**正社員、パート、アルバイト、嘱託社員、契約社員、派遣社員などを問わずに常勤扱い**となります。

　逆に、社内での扱いが正社員であっても、勤務時間が就業規則に定められた勤務時間に達していない場合は非常勤職員の扱いになります。家庭の事情などで雇用契約書に記載される勤務時間が就業規則の規定よりも短い場合も含まれます。

　また、管理者が他の職務を兼務する場合は、兼務する複数の職種の勤務時間の合計が就業規則に定められた勤務時間に達していれば、常勤として扱われます。

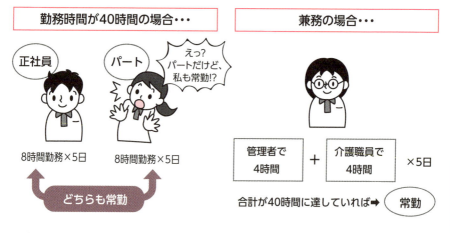

○常勤と非常勤の違い（常勤換算時の休暇等の取扱い）

　常勤職員と非常勤職員の大きな違いは、**休暇や出張時の取扱い**にあります。常勤職員は休暇や出張の期間が1ケ月を超えない限り、常勤として勤務したことになります。一方で非常勤職員の場合、休暇や出張はサービス提供に従事した時間とはいえないので、常勤換算する場合の勤務延時間数に含めることができません。

　要は、常勤職員は月の中で1日でも出勤していれば人員基準では1人と計算され、非常勤職員は休暇等の時間は常勤換算での延べ勤務時間には含めずに計算されるということです。

ただし、この取扱いは人員基準の職員数の確認に限られます。日々の配置は、規定の職員数を確保していなければなりません。常勤職員が出張等で不在の場合に、代わりの職員を配置しなくてもよいということではないので注意が必要です。

常勤・非常勤、専従・兼務の考え方

用語の定義と 4つの勤務形態の例		専従（専ら従事する・専ら提供に当たる） 当該事業所に勤務する時間帯において、その職種以外の職務に従事しないこと	兼務 当該事業所に勤務する時間帯において、その職種以外の職務に同時並行的に従事すること
常勤	当該事業所における勤務時間が、「当該事業所において定められている常勤の従業者が勤務すべき時間数」に達していること	①常勤かつ専従 1日当たり8時間（週40時間）勤務している者が、その時間帯において、その職種以外の業務に従事しない場合	②常勤かつ兼務 1日当たり8時間（週40時間）勤務している者が、その時間帯において、その職種に従事するほかに、他の業務にも従事する場合
非常勤	当該事業所における勤務時間が、「当該事業所において定められている常勤の従業者が勤務すべき時間数」に達していないこと	③非常勤かつ専従 1日当たり4時間（週20時間）勤務している者が、その時間帯において、その職種以外の業務に従事しない場合	④非常勤かつ兼務 1日当たり4時間（週20時間）勤務している者が、その時間帯において、その職種に従事するほかに、他の業務にも従事する場合

①～④：事業所における通常の勤務時間が1日当たり8時間（週40時間）と定められている事業所においての勤務形態の例

ポイント 常勤者の勤務時間の特例（育児・介護等の短時間勤務の場合）

以下の制度により、常勤の従業者が勤務すべき時間数を30時間としている短縮措置の対象者は、30時間勤務することで「常勤」として取り扱うことができます。

・育児・介護休業法の短時間勤務制度
・男女雇用機会均等法の母性健康管理措置
・「事業場における治療と仕事の両立支援のためのガイドライン」に沿って事業者が自主的に設ける短時間勤務制度

また、「常勤」での配置が求められる職員が、産前産後休業や育児・介護休業、母性健康管理措置等の休業で休んだ場合は、同等の資質をもつ複数の非常勤職員を常勤換算することで人員配置基準を満たすことが認められます。

第1章 人員・設備・運営基準

判断フロー図

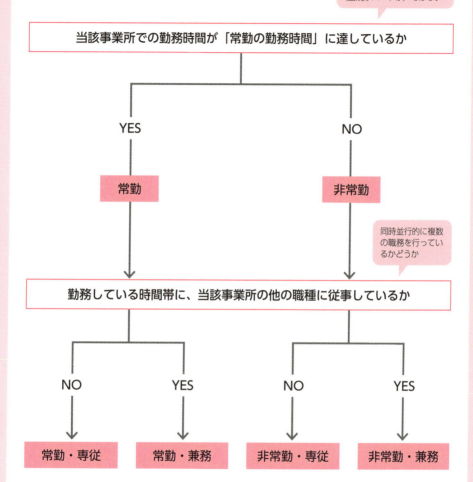

解説　常勤換算方法

　常勤換算方法とは、非常勤職員の勤務時間数の合計が常勤職員の何人分に当たるかを算出する計算方法です。

　常勤換算の計算方法は、毎月1日から月末までの勤務実績表を用いて、1ケ月分の延べ勤務時間（勤務延時間）を集計して、常勤職員が勤務すべき時間数（週32時間を下回る場合は32時間※)で割って算出します(小数点第2位以下は切り捨て)。

※育児・介護休業法の短時間勤務制度や男女雇用機会均等法の母性健康管理措置、「事業場における治療と仕事の両立支援のためのガイドライン」に沿って事業者が自主的に設ける短時間勤務制度の対象者は週30時間以上

> 各従業者の1ケ月の勤務時間の合計
> ÷事業所の定める常勤職員の1ケ月に勤務すべき時間数

　また、職員が複数の職種を兼務している場合は、集計する職種の勤務時間だけを計算します。**この勤務時間に残業時間は含めません。**非常勤の従業者の休暇や出張の時間、自費サービスなど介護保険外のサービスに従事している時間も常勤換算の勤務時間に含めることはできません。

〈計算例〉
ある事業所の4月の勤務実績の例
○介護職員（常勤職員）5人 ➡ **常勤換算数5人（①）**
○介護職員（非常勤職員）3人
　4月の非常勤職員の勤務延時間数が252時間で、常勤職員が1ケ月に勤務すべき時間数を168時間とすると ➡ **常勤換算数 252÷168=1.5人（②）**

　　　　　　　　　　　　常勤換算数 ①5人＋②1.5人＝6.5人
　　　　　　　　　　　　　　　この事業所の4月の常勤換算数は6.5人になります。

注意！ 常勤換算に送迎時間を含めていませんか？

　常勤換算で計算すると人員基準で必要な人数を満たしていないケースが見受けられます。シフト表でギリギリに職員配置を組んでいる場合で、送迎に出ている時間や常勤換算の勤務時間に含めることができないお泊りサービスなどの自費サービス提供時間や高齢者住宅での業務時間を勤務時間に含めているのが原因です。

2 小規模多機能型居宅介護 設備基準

〈チェック事項〉

1 登録定員と利用定員

- ☐ 登録定員を29人（サテライト事業所の場合18人）以下としているか
- ☐ 登録定員に沿った、通いサービス及び宿泊サービスの利用定員か

2 必要な設備

- ☐ 次の場所、設備等を確保しているか
    - ☐ 居間
    - ☐ 食堂
    - ☐ 台所
    - ☐ 宿泊室
    - ☐ 浴室
    - ☐ その他サービスの提供に必要な設備及び備品
- ☐ 居間と食堂はそれぞれ十分な広さで、合計3m²×通いの利用定員以上となっているか
- ☐ 宿泊室の利用定員は1人か
- ☐ 宿泊室の利用定員を2人とする場合は、利用者の処遇上必要と認められる場合に限られているか
- ☐ 個室の場合、宿泊室の床面積は、7.43m²以上となっているか
- ☐ 個室以外の宿泊室を設ける場合は、個室以外の宿泊室の面積を合計した面積は、おおむね7.43m²に宿泊サービスの利用定員から個室の定員数を減じた数を乗じて得た面積以上となっているか

3 厨房

- ☐ 食器・調理器具の消毒・洗浄・保管に関し衛生上の配慮がされているか
- ☐ 食材の保管等において、安全面・衛生面の配慮がされているか

1 登録定員と利用定員

- 利用者は**1ケ所の指定小規模多機能型居宅介護事業所に限って**利用者登録を行うことができます。複数の指定小規模多機能型居宅介護事業所の利用は認められていません。
- 登録定員に応じ、通いサービス、宿泊サービスの利用定員を以下の通り定める必要があります。この場合の定員は、1日当たりの同時にサービスの提供を受ける利用者数の上限として考えます（延べ人数ではありません）。

登録定員	通いサービスの定員
25人以下	登録定員の2分の1から15人まで
26人又は27人	登録定員の2分の1から16人まで
28人	登録定員の2分の1から17人まで
29人	登録定員の2分の1から18人まで
サテライト事業所の場合 18人以下	サテライト事業所の場合 登録定員の2分の1から12人まで

宿泊サービスの定員は、通いサービスの利用定員の3分の1から9人まで（サテライト事業所の場合は6人まで）

2 必要な設備

- 居間と食堂は、機能を十分に発揮し得る適当な広さを確保し、通いサービスの利用定員が15人を超える場合は、**1人当たり3m² 以上**確保します。また、居間及び食堂は、同一の場所とすることができますが、それぞれの機能が独立していることが望ましいとされています。利用者と介護従業者が一堂に会することができることが目安です。
- 宿泊室の個室の定員は1人です。ただし、利用者の処遇上必要と認められる場合は2人とすることができます。**宿泊室の床面積は、7.43m² 以上**必要です。
- 個室以外の宿泊室を設ける場合、個室以外の宿泊室の面積を合計した面積は、以下の計算方法で算定した面積以上です。

> 7.43 m² ×（宿泊サービスの利用定員－個室の利用定員）

また、その構造は利用者のプライバシーが確保されることが必要です。プライバシーの確保とは、パーテーションや家具などで利用者同士の視線の遮断が確保

されることです。なお、プライバシーが確保されていれば、居間は個室以外の宿泊室の面積に含めることができます。

> **注意！** プライバシーの確保はカーテンでは不十分！
>
> カーテンのみではプライバシーの確保が十分とは考えられないため、認められません。ただし、アコーディオンカーテンにより仕切られ、パーテーションや家具などと同様にプライバシーが確保されたものである場合には、宿泊室として取り扱っても差し支えありません。

カーテンの仕切りでは不十分！

- 居間と宿泊室のほか、台所、便所、洗面設備、浴室、事務室、消火設備その他非常災害に際して必要な設備、その他サービスの提供に必要な設備備品を備えます。

4 消防設備等

☐ 消防法等に規定された設備は設置されているか
☐ その他の非常災害に際して必要な設備を備えているか

4 消防設備等

- 消火器や自動火災報知設備など消防法等の法令に規定された設備の設置が必要です。詳細については最寄りの消防署に確認してください。

> **ポイント　他事業所と共用できる設備**
>
> 　小規模多機能型居宅介護事業所に併設している有料老人ホームの入居者が小規模多機能型居宅介護を利用することは可能です（ただし、特定施設入居者生活介護を受けている間は、介護報酬は算定できません）。
>
> 　なお、養護老人ホームの入所者が小規模多機能型居宅介護を利用することは想定していません。
>
> 　認知症対応型共同生活介護事業所の居間を小規模多機能型居宅介護事業所の居間として共用することは認められません。ただし、事業所が小規模である場合（小規模多機能型居宅介護事業所の通いサービスと認知症対応型共同生活介護事業所の定員の合計が15人以下である場合）などで、認知症対応型共同生活介護事業所の居間として必要なものが確保されていて、小規模多機能型居宅介護事業所の居間として機能を十分に発揮し得る適当な広さを有している場合は共用が可能です。
>
> 　また、小規模多機能型居宅介護の居間、食堂を通所介護等の機能訓練室、食堂及び介護予防・日常生活支援総合事業の交流スペースとして共用することは認められませんが、浴室、トイレ等を共用することは可能です。なお、通所介護事業所等の浴室を活用する場合、通所介護事業所等の利用者が利用している時間帯に小規模多機能型居宅介護事業所の利用者が利用できない取扱いとするなど画一的な取扱いは行わないことが要件とされています。

3 小規模多機能型居宅介護　運営基準

(1) 運営規程、重要事項説明書、契約書

〈チェック事項〉

1 運営規程

- ☐ 運営規程に次の項目を定めているか
    - ☐ 事業の目的・運営の方針
    - ☐ 従業者の職種・員数・職務の内容
    - ☐ 営業日・営業時間
    - ☐ 登録定員・通いサービス・宿泊サービスの利用定員
    - ☐ 小規模多機能型居宅介護の内容・利用料その他の費用の額
    - ☐ 通常の事業の実施地域
    - ☐ サービス利用に当たっての留意事項
    - ☐ 緊急時等の対応方法
    - ☐ 非常災害対策
    - ☐ 虐待防止のための措置
    - ☐ その他運営に関する重要事項

2 重要事項説明書

- ☐ 同意の日がサービス開始日より前になっているか
- ☐ 運営規程に記載された内容に沿っているか
- ☐ 運営規程のほか、「事故発生時の対応」「第三者評価の実施状況」「地域との連携」「身体的拘束等・虐待の禁止」について記載されているか
- ☐ 苦情の担当窓口は、「事業所の苦情担当者」「役所の苦情担当窓口」「国保連の苦情担当窓口」の3ケ所が記載されているか
- ☐ 重要事項説明書は、事業所内の見やすい場所に掲示されているか
- ☐ 重要事項をウェブサイトに掲載しているか

1 運営規程

- 運営規程は、介護事業所の「法律」です。運営指導では、ここに記載された内容が確実に実施されているかが確認されますが、許認可時に一度、役所の確認が終わっている書類であるため、重大に考える必要はありません。
- 運営指導の事前チェックでは、次の事項が**運営規程の記載と整合性がとれているか確認**しておきます。
    - ・営業時間やサービス提供時間の変更
    - ・防災訓練の実施回数
    - ・健康診断の実施回数
- 「従業者の員数」に変更がある場合は、通常は毎年3月に、その時点の実職員数を記載した変更届を提出します。ただし、日々の人数が大きく変動した場合はその時点で変更届を提出します。
- 「営業時間」は、基本のサービス提供時間を記載し、延長サービスを行う場合は、別に提供する旨と時間を明記します。
- 「利用定員」は、事業所で同時に通いサービスを提供できる利用者の数（実人員数）の上限をいいます。

2 重要事項説明書

- サービス開始までに、利用者や家族に重要事項説明書の内容を説明して同意を得なければなりません。また、控えは利用者に渡します。
- 運営指導では、**サービスの開始日と同意の日が前後していないか**などが確認されます。

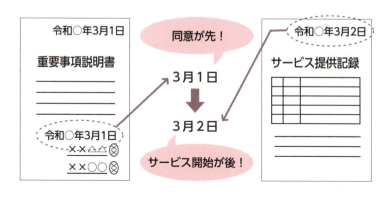

- 重要事項を掲載するウェブサイトとは、法人のホームページや介護サービス情報公表システムのことをいいます。

> **注意！** 介護報酬改定時にも重要事項説明書の同意が必須！
>
> 　記載内容に重要な変更があったり、介護報酬改定により利用料金が変わる場合は、その都度、重要事項説明書を再作成して、改定等が実施されるまでに利用者に説明し同意を得て、控えを渡す必要があります。
> 　介護報酬は3年に一度4月に改定されますが、その場合は、1ケ月前（3月中）に利用料金の変更部分がわかる資料と同意書を作成して、利用者や家族の同意を得る方法が一般的です。

3 契約書

- ☐ 利用者と契約書をとりかわししているか
- ☐ 契約書は不適切な内容、利用者に不利な内容になっていないか

3 契約書

- 契約書は、介護保険関係法令上で作成が義務づけられている書類ではありません。しかし、後日のトラブルや裁判等での利用者保護の意味で、運営指導では、**必ず契約書のとりかわしの状況と内容が確認されます。**
- 契約書の記載事項には特に決まりはありませんが、不適切なものであったり、利用者に著しく不利な契約内容の場合は、是正するよう指導されます。例えば、異常に高額なキャンセル料や途中解約での違反金の設定をしていたり、併設の一般事業の利用や高齢者住宅への入居を提供の条件にするなどがこれに該当します。
- 介護事業者と利用者との契約書は、原則として民法上の請負契約に該当しませんので、収入印紙の貼りつけの必要はありません。

(2) 個人情報の保護、秘密保持

〈チェック事項〉

1 個人情報利用の同意書の内容

- ☐ 利用者から個人情報利用の同意書を受領しているか
- ☐ 同意書の内容は、サービス担当者会議等での個人情報利用にとどめているか

1 個人情報利用の同意書の内容

- 許認可を受けている介護サービス事業所と職員には守秘義務がありますが、ケアマネジャーが招集するサービス担当者会議では関係者間で個人情報を共有する必要があります。個人情報利用の同意書とは、「サービス担当者会議と他サービス事業者間に限って、利用者の個人情報を共有してよい」という利用者の同意を得るためのものです。

> **注意！** 同意書にはサービス利用に関することだけ！
>
> 個人情報利用の同意書の中にはサービス担当者会議等での個人情報利用の同意だけでなく、ホームページや事業所通信での写真の利用等の同意項目が併記されているものがありますが、これは誤りです。他の項目の同意を得る場合は、別途同意書を作成するべきです。

2 同意の範囲

- ☐ 同意書には利用者の家族の同意欄があるか

3 秘密保持

- ☐ 従業者は、正当な理由がなく、その業務上知り得た利用者又はその家族の秘密を漏らしていないか
- ☐ 従業者であった者が、正当な理由がなく、その業務上知り得た利用者又はその家族の秘密を漏らすことがないよう必要な措置を講じているか

2 同意の範囲

● サービス担当者会議では利用者本人の情報だけではなく、**同居家族の個人情報も共有する必要がある**ため、家族の代表者の同意も必要と指導される地域が増えています。事前に**同意書のひな形に利用者家族の同意欄を設けておきましょう**。ただし、独居等で家族の情報が不要な場合は、利用者家族の同意欄への記載の必要はありません。

> **注意！** 「代理人の同意」と「家族の同意」は別物！
>
> 　代理人の同意欄を家族が記載するので利用者家族の同意欄は不要ではないかと質問されることがありますが、代理人はあくまでも利用者本人の代理ですので、家族の同意にはなりません。
> 　代理人が同意する場合は、代理人がまず利用者本人の同意欄を代筆して、代理人の同意欄に代理人自身の記載をするのが正しい記載方法です。

> **ポイント 自署捺印と記名押印の違い**
>
> 　同意書は契約ではないため、自署捺印は必要ありません。署名か記名押印で十分です。
> 　署名とは、空欄にサインをもらうことです。記名押印は最初から名前などを印字しておき、印鑑をもらうことをいいます。

【同意書の書式例】

```
                    個人情報利用同意書
　私及びその家族の個人情報については、次に記載するとおり必要最小限の範囲
内で利用することに同意します。
                         記
1　利用する目的
　　事業者が、介護保険制度に関する法令に基づき私に行う小規模多機能型居宅
　介護サービスを円滑に実施するため、担当者会議において、又は私が利用する
　他のサービス事業者等と情報の共有が必要な場合に利用する。

2　利用にあたっての条件
　①個人情報の提供は、1に記載する目的の範囲内で、必要最小限に留め、情報
　　提供の際には関係者以外には決して漏れることのないよう細心の注意を払う
　　こと。
　②事業者は、個人情報を利用した会議、相手方、内容等を記録しておくこと。

3　個人情報の内容（例示）
　・氏名、住所、健康状態、病歴、家庭状況等、事業者がサービスを提供するた
　　めに最小限必要な利用者や家族個人に関する情報
　・その他の情報

○○年○○月○○日
○○　○○　事業所　○○　○○　様
              （利用者）　住所　○○○○○
                       氏名　○○　○○
                       ※代筆の場合、代筆者の住所・氏名を併記すること。
              （代理人）　住所　○○○○○
                       氏名　○○　○○
              （利用者家族）住所　○○○○○
                       氏名　○○　○○　（続柄：　　　）
```

→ 家族の同意欄が必要

3 秘密保持

● 退職者の秘密保持については、従業者でなくなった後にも秘密保持をするよう、雇用契約時に誓約させるなどの措置を講じましょう。

(3) その他の運営基準

〈チェック事項〉

1 サービス提供拒否の禁止

- ☐ 正当な理由なくサービスの提供を断っていないか

2 身分証の携行の指導

- ☐ 訪問サービスの提供に当たる従業者は身分証を携行しているか

3 サービス提供の記録

- ☐ 提供した具体的なサービスの内容等を記録しているか
- ☐ 利用者から申出があった場合には、文書の交付等により、利用者に情報提供しているか

4 受給資格の確認

- ☐ 利用者の被保険者証を確認し、記録しているか

1 サービス提供拒否の禁止

- 利用申込者に対して、自ら適切なサービスを提供することが困難な場合には、その利用申込者に係る居宅介護支援事業者への連絡、適当な他事業者等の紹介など必要な措置を速やかに講じなければなりません。

2 身分証の携行の指導

- 従業者のうち訪問サービスの提供に当たる者には常に身分証を携行させ、初回訪問時や、利用者又はその家族から求めがあった時には、応じて提示しなければなりません。

3 サービス提供の記録

- サービスを提供した場合には、以下の内容について記録しなければなりません。
  - a　提供日
  - b　提供したサービスの内容
  - c　利用者の心身の状況
  - d　その他必要な事項
- 利用者から申出があった場合は、文書の交付、利用者の手帳等に記録するなど適切な方法により情報提供を行わなければなりません。

4 受給資格の確認

- サービスの提供を求められた場合は、利用者の提示する被保険者証によって、被保険者資格、要介護(要支援)認定の有無、要介護(要支援)認定の有効期間を確認し、それを記録します。また、**認定審査意見が記載されている時は、その意見に配慮した**サービスの提供に努める必要があります。

5 身体的拘束等の禁止

- □ 緊急やむを得ない場合等を除き、身体的拘束等を行っていないか
- □ 身体的拘束等を行う場合には、その状況や理由等を記録しているか

6 協力医療機関等

- □ 利用者の病状の急変等に備え、主治医や協力医療機関との連携について定めているか
- □ 緊急時の対応のため、介護保険施設、医療機関との間で連携する体制を整えているか

5 身体的拘束等の禁止

- サービスの提供に当たっては、利用者又は他の利用者等の生命又は身体を保護するため緊急やむを得ない場合等を除いて身体的拘束等を行ってはなりません。また、緊急時に身体的拘束等を行う場合には、その態様、時間、その際の利用者の心身の状況、緊急やむを得ない理由を記録しなければなりません。
- 身体的拘束等の適正化を図るため、次に掲げる措置を講じます。
    - a 身体的拘束等の適正化のための対策を検討する委員会を3月に1回以上開催し、その結果について、介護従業者その他の従業者に周知徹底を図ること
    - b 身体的拘束等の適正化のための指針を整備すること
    - c 介護従業者その他の従業者に対し、身体的拘束等の適正化のための研修を定期的（年2回以上）に実施すること
    - ➡「解説 身体的拘束等の適正化を図る措置」40頁を参照

> **注意！** 緊急やむを得ない場合の身体的拘束等とは
>
> 　介護保険の運営基準上、利用者又は他の利用者等の生命又は身体を保護するため、緊急やむを得ない場合には身体的拘束等が認められていますが、次の3つの要件を満たし、かつ、その手続きがきわめて慎重に実施されているケースに限られます。
>
> ■3つの要件
> 　① 「切迫性」
> 　　利用者本人又は他の利用者等の生命又は身体が危険にさらされる可能性が著しく高い状態。本人等の生命又は身体が危険にさらされる可能性が高いことが判断の基準です。
> 　② 「非代替性」
> 　　身体的拘束その他の行動制限を行う以外に代替する介護方法がない、他に代替方法が存在しないことを複数のスタッフで確認する必要があります。また、拘束は本人の状態等に応じて最も制限の少ない方法により行います。
> 　③ 「一時性」
> 　　身体的拘束その他の行動制限が一時的なものである必要があります。本人の状態像等に応じて必要とされる最も短い拘束時間を想定し、期間ごとに家族への説明同意を行います。

6 協力医療機関等

- 利用者の病状に急変が生じた場合には、主治医との連携を基本としつつ、協力医療機関を定め、連絡を行う等の必要な措置を講じます。
- サービスの提供体制の確保や夜間における緊急時の対応時に円滑な協力を得るため、介護保険施設や病院等との間の連携、支援の体制を整えなければなりません。また、その**バックアップ施設との間であらかじめ必要な事項を取り決めておく**必要があります。

7 苦情処理

- [ ] 苦情対応のための措置を講じているか
- [ ] 苦情を受け付けた場合に、苦情の内容等を記録しているか
- [ ] 市町村や国保連が行う調査に協力しているか
- [ ] 市町村や国保連から指導又は助言を受けた場合、必要な改善を行っているか
- [ ] 市町村や国保連から求めがあった場合、指導又は助言に基づいた改善の内容を市町村に報告しているか

8 指定内容の変更等

- [ ] 下記の項目に変更があった時、又は事業を廃止、休止、もしくは再開した時は届け出ているか
  - [ ] 事業所の名称及び所在地
  - [ ] 申請者の名称及び主たる事務所の所在地ならびにその代表者の氏名、生年月日、住所及び職名
  - [ ] 申請者の登記事項証明書又は条例等
  - [ ] 建物や設備
  - [ ] 事業所の管理者の氏名、生年月日、住所及び経歴
  - [ ] 運営規程
  - [ ] 協力医療機関の名称、診療科名、契約の内容
  - [ ] 介護老人福祉施設、介護老人保健施設、介護医療院、病院等の連携及び支援の体制
  - [ ] 地域密着型介護（予防）サービス（計画）費の請求に関する事項
  - [ ] 役員の氏名、生年月日及び住所
  - [ ] 介護支援専門員の氏名及びその登録番号

9 自己評価

- [ ] 自己評価を少なくとも年1回は行い、公表しているか

7 苦情処理

- 事業所は、利用者やその家族からの苦情に迅速かつ適切に対応するために、苦情を受け付けるための**窓口を設置する**、**苦情処理の体制や手順等を定める**等、措置を講じる必要があります。
- 措置の内容については、利用者やその家族にサービス内容を説明する文書にあわせて記載する、事業所に掲示する等の方法により周知が必要です。
- 苦情を受け付けた場合には、その受付日、苦情の内容等の記録が義務づけられています。

8 指定内容の変更等

- 指定内容の変更等があった場合には、変更のあった日から10日以内に必要とされている書類を届け出ます。届出を必要とする項目や提出書類については市町村により異なるため、事前に確認してください。

9 自己評価

- 事業所の開設からおおむね6ケ月を経過した後については、1年に1回以上、自己評価を行います。自己評価の結果については、運営推進会議において外部評価を行い、結果を公表します。
- 結果の公表は利用者及びその家族へ提供するほか、事業所内の外部の者にも確認しやすい場所への掲示や、市町村窓口、地域包括支援センターに置いておく方法、インターネットを活用する方法などが考えられます。

10 事故発生時の対応

- ☐ 事故が発生した場合に、市町村・家族・ケアマネジャーに連絡できる体制が整っているか
- ☐ 事故が発生した際には記録を残しているか
- ☐ 損害賠償すべき事故が発生した場合に、速やかに賠償を行うことができる体制が整っているか

> **注意！** 事故の程度によっては、市町村等への届出が必要！
>
> 届出基準は市町村によって若干異なりますが、一般的には骨折などの重傷、24時間以上の所在不明、暴行虐待の判明、感染症などの重大な事故があった場合には、**2週間以内の届出が義務づけられています**。届出の有無にかかわらず、どのような事故であっても、事業所としての対策の検討と再発防止のための具体策を講じることが必要です。

> **ポイント** 苦情や事故は必ず記録する！
>
> 介護サービスは高齢者を対象とした仕事であるために、運営指導では事故や苦情対策に対して厳格なチェックが行われます。**事故や苦情があった場合は必ず記録をとる必要があります。**
>
> また、事故は未然に防ぐことが一番です。日頃から、事故には至らないもののヒヤリとしたことやハッとしたことはヒヤリハットシートに記録しておき、それを定期的に職員研修での議題として情報を共有することで、事故の防止につなげることができます。

3 小規模多機能型居宅介護　運営基準

10 事故発生時の対応

- 事故発生時には、速やかな対応が求められます。訪問サービスの提供によって事故が発生した場合の対応方法について、あらかじめ事業所で定めておくことが望ましいとされています。
- 事故が発生した場合には、事故の状況や事故に際して行った処置について記録しておく必要があります。
- 所轄の市町村等の方針によっては、事故報告書を提出する必要があります。市町村等の指針等を確認するようにしましょう。
- 事故が発生した場合には、その原因を解明し、再発防止策を講じる必要があります。

報告すべき事故の種類及び範囲

1	**サービス提供中の利用者の死亡事故又は負傷等のケガの発生** （注1）「サービス提供中」とは、送迎、通院等の間を含む。また、在宅の通所・入所サービス及び施設サービスにおいては、利用者が事業所・施設内にいる間は、「サービス提供中」に含まれる。 （注2）報告すべきケガの程度については、医療機関に入院又は医療機関において継続して治療することを必要とするものとする。ただし、利用者又はその家族等との間で何らかのトラブルが発生するおそれがある場合には、ケガの程度にかかわらず報告する。 （注3）利用者が病気等により死亡した場合であっても、死因等に疑義が生じる可能性がある場合（利用者の家族等との間で何らかのトラブルが発生するおそれがある場合を含む）は報告する。 （注4）報告すべきものについては、事業者の過失の有無は問わない。
2	**食中毒及び感染症、結核等の発生** （注）保健所等関係機関にも報告を行い、関係機関の指示に従う。
3	**職員（従業員）の法令違反、不祥事等の発生** （注）報告すべきものについては、利用者へのサービスの提供に関連するものとする。 ＜例：利用者からの預り金の横領事件や利用者の送迎時の交通事故など＞
4	**災害の発生** （注）震災、風水害及び火災等の災害により利用者へのサービスの提供に影響するものとする。
5	**その他事業者が報告を必要と判断するもの及び市町村が報告を求めるもの**

11 記録の整備

☐ サービス提供の記録、介護報酬の請求に関する記録、従業者、設備、備品及び会計に関する記録などを運営規程や条例などで定められている年数、保存しているか

11 記録の整備

- 次の記録はその完結の日（契約終了、契約解除及び施設への入所等で利用者へのサービス提供が終了した日）から原則2年間※保存しなければなりません。

    ※介護報酬の返還に関する時効が5年であることから、記録の保存期間についても5年間と義務づける自治体が多くなっています。所轄の市町村等のルール（条例）を確認しましょう。

    a　居宅サービス計画
    b　小規模多機能型居宅介護計画
    c　提供した具体的なサービスの内容等の記録
    d　身体的拘束等に係る記録
    e　利用者に関する市町村への通知に係る記録
    f　苦情の内容等の記録
    g　事故に係る記録
    h　運営推進会議に係る記録
    i　従業者の勤務の体制及び実績に関する記録

● 従業員が勤務していたことを確認するために、勤務実績表の作成が必要です。勤務予定表だけではなく、毎月1ヶ月の業務が終了した時点で、月末までの勤務実績表を作成して、**タイムカードや出勤簿と突き合わせを行います。**

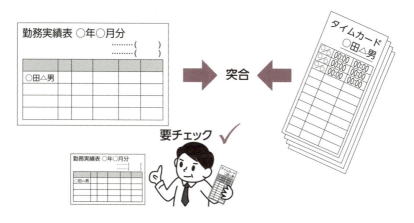

● 勤務実績表には、次の内容を明確に記載します。

a 勤務時間
b 常勤・非常勤の別
c 職種
d 兼務の有無

> **注意！ 管理者が役員でも勤務表が必ず必要**
>
> 　法人役員が管理者である場合も、勤務実績表への記載と勤務実態の記録として**タイムカードや出勤簿などが必要**です。一般の会社では法人役員は残業手当などもつかないためにタイムカードがない場合も多いようです。しかし、介護保険制度において管理者は常勤専従での配置が規定されており、タイムカード等の記録で勤務状況が確認できない場合は、「管理者不在」と判断されて人員基準違反の指導を受けることになります。

令和6年度の運営基準改正から、全介護サービス事業者を対象に、感染症や事業継続、高齢者虐待への対策が義務化されています。

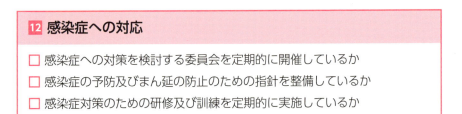

12 感染症への対応
- ☐ 感染症への対策を検討する委員会を定期的に開催しているか
- ☐ 感染症の予防及びまん延の防止のための指針を整備しているか
- ☐ 感染症対策のための研修及び訓練を定期的に実施しているか

13 業務継続に向けた取組み
- ☐ 業務継続計画（BCP）を策定し、定期的な見直し等を行っているか
- ☐ 業務継続計画について周知し、研修及び訓練を定期的に実施しているか

12 感染症への対応

- 感染症への対策を検討する委員会の開催、指針の整備、研修の実施、訓練（シミュレーション）の実施が義務づけられました。小規模な事業所などは、他の事業者と連携して行うことも可能とされています。
  ➡「解説　感染症の予防及びまん延の防止のための措置」44頁を参照

13 業務継続に向けた取組み

- 業務継続計画（BCP）等の策定、研修の実施、訓練（シミュレーション）の実施等が必要です。
- 研修と訓練は、定期的（年1回以上）に実施して記録しなければなりません。なお、感染症に対する業務継続計画（BCP）研修は、上記 12 の感染症対策の研修と一体的に実施することも可能です。訓練では感染症や災害が発生した場合に実践するケアの演習等を実施します。

> **ポイント　業務継続計画（BCP）の研修と訓練**
>
> 業務継続計画（BCP）の研修と訓練のポイントは以下の通りです。
> - 業務継続計画研修の実施
>   研修方法：内部研修として実施。研修の実施状況を記録に残すことが重要。新規採用時に新規採用職員向けに別途研修することが望ましい。
>   研修内容：BCPの具体的内容を職員間で共有して、平常時の対応の必要性や緊急時の対応に係る理解を浸透させる内容とする。
> - 業務継続計画訓練の実施
>   訓練内容：BCPに基づき、事業所内の役割分担の確認、非常時のケアの演習等について訓練を実施する。机上訓練（シミュレーション）と実地訓練を組み合わせながら実施することが望ましい。

14 高齢者の虐待防止

- ☐ 虐待防止のための対策を検討する委員会を定期的に開催しているか
- ☐ 事業所における虐待防止のための指針を整備しているか
- ☐ 虐待防止のための研修を定期的に実施しているか
- ☐ 上記を適切に実施するための担当者を置いているか

15 ハラスメント対策

- ☐ セクシャルハラスメントやパワーハラスメントについて指針を作成し、職員に周知しているか
- ☐ ハラスメントについて相談体制を整備しているか

16 認知症に係る取組みの情報公表の推進

- ☐ 認知症関連の研修の受講状況等、認知症に係る事業者の取組み状況について、介護サービス情報公表制度において公表しているか

17 ケアプランや重要事項説明書等の利用者等への説明・同意

- ☐ 説明・同意を得たことを確認した署名、押印、記録等があるか

14 高齢者の虐待防止

- 虐待の発生・再発を防止するための委員会の開催、指針の整備、研修の実施、担当者を定めることが義務づけられています。研修には、全従業者が参加できるようにすることが望ましいとされています。
  ➡「解説　高齢者の虐待の発生等を防止する措置」42頁を参照

15 ハラスメント対策

- 上司や同僚など事務所内だけではなく、利用者とその家族からのハラスメントを含めた対応が必要です。就業規則などに盛り込むと共に、相談窓口の設置や研修などにも取り組まなければなりません。

16 認知症に係る取組みの情報公表の推進

- 認知症関連の研修の受講状況等、認知症に係る事業者の取組み状況について、介護サービス情報公表制度において公表することが義務化されています。

17 ケアプランや重要事項説明書等の利用者等への説明・同意

- ケアプランや重要事項説明書は、文書を交付し、署名・押印等による同意のほか、電子メールなど電磁的な対応が原則認められています。
- 利用者等の署名・押印についても、求めないことが可能であり、その代替手段として電子署名等が示されています。また、様式例から押印欄が削除され、基本的にサインだけで十分とされています。

> **注意！** 電磁的な方法による利用者等への説明・同意は必ず記録！
>
> 　電子メール等により交付した場合、署名・押印を求めないケースが増えると思われますが、説明や同意を省略してもよいというわけではありません。この一連の経過の記録は必ず残してください。

解説　身体的拘束等の適正化を図る措置

◯委員会のメンバー構成
　管理者や従業者などの職種から構成する。内部関係者のみの構成でもよいですが、外部から第三者や専門家を登用できるのが望ましいです。そのひとつとして、精神科専門医等の専門医に参加してもらうことが考えられます。

◯委員会の開催頻度
　3ケ月に1回以上の開催をしましょう。

◯身体的拘束等の適正化を図る措置とは
　適正化を図る措置とは、身体拘束の報告、改善のための方策を定め、周知徹底することが目的です。身体的拘束等の適正化については、事業所全体で情報を共有し、今後の再発防止につなげるためのものであり、決して従業者の懲罰を目的としたものではありません。
　具体的には、下記のようなことが想定されています。

- 身体的拘束等について報告するための様式を整備すること
- 介護従業者その他の従業者は、身体的拘束等の発生ごとにその状況、背景等を記録すると共に、整備した様式に従い、身体的拘束等について報告すること
- 身体的拘束等適正化検討委員会において、報告された事例を集計し、分析すること
- 事例の分析に当たっては、身体的拘束等の発生時の状況等を分析し、身体的拘束等の発生原因、結果等をとりまとめ、当該事例の適正性と適正化策を検討すること
- 報告された事例及び分析結果を従業者に周知徹底すること
- 適正化策を講じた後に、その効果について評価すること

○「身体的拘束等の適正化のための指針」に盛り込む内容
- 事業所における身体的拘束等の適正化に関する基本的考え方
- 身体的拘束等適正化検討委員会その他事業所内の組織に関する事項
- 身体的拘束等の適正化のための職員研修に関する基本方針
- 事業所内で発生した身体的拘束等の報告方法等のための方策に関する基本方針
- 身体的拘束等発生時の対応に関する基本方針
- 利用者等に対する当該指針の閲覧に関する基本方針
- その他身体的拘束等の適正化の推進のために必要な基本方針

○研修の実施方法と内容

　事業者の指針に基づいた研修プログラムを作成し、適正化の徹底を行うと共に、身体的拘束等の適正化の基礎的内容等の適切な知識を普及・啓発する内容を年2回実施しましょう。

　基本的に内部研修として実施し、研修の実施内容を記録することが必要です。

　また、新規採用時には、新規採用職員向けに別途研修を実施することも重要です。

解説　高齢者の虐待の発生等を防止する措置

　虐待防止の措置を講じていないと減算の対象にもなります。以下を参考に、必ず実施してください。

○委員会のメンバー構成
　管理者を含む幅広い職種で構成します。内部関係者のみの構成でもよいですが、外部から虐待防止の専門家等を登用できるのが望ましいです。なお、他の検討委員会と一体的に実施することも可能です。

○委員会の開催頻度
　おおむね6ケ月に1回以上をめやすに定期的に開催します。

○委員会の検討事項の例
- 虐待防止検討委員会その他事業所内の組織に関する事項
- 虐待防止のための指針の整備に関する事項
- 虐待等について、従業者が相談・報告できる体制整備に関する事項
- 従業者が虐待等を把握した際に、役所への通報が迅速かつ適切に行われるための方法に関する事項
- 虐待等が発生した場合、その発生原因等の分析から得られる再発防止策に関する事項
- 再発防止策を講じた際の効果についての評価に関する事項

○虐待防止のための指針に盛り込む主な内容
- 事業所における虐待防止に関する基本的な考え方について
- 虐待防止検討委員会その他事業所内の組織に関する事項について
- 虐待防止のための職員研修に関する基本方針について
- 虐待等が発生した場合の対応方法に関する基本方針について
- 虐待等が発生した場合の相談報告体制に関する事項について
- 成年後見制度の利用支援に関する事項について
- 虐待等に対する当該指針の閲覧に関する事項について
- その他虐待防止の推進のために必要な事項について

○虐待防止のための研修の実施方法と内容

　虐待等の防止に関して適切な知識を普及・啓発する基礎的内容と事業所の指針に基づいた研修プログラムを作成し、年1回以上実施してください。

　基本的に内部研修として実施し、研修の実施内容を記録することが重要です。また、新規採用時には、新規採用職員向けに別途研修を実施してもよいでしょう。

○虐待防止措置の担当者

　専任の担当者が必要です。虐待防止検討委員会の責任者と同一人物が望ましいとされています。

注意！ ▶ **虐待が発覚すると予告なしに監査！**

　運営指導は実施前に事前通告を行うこととされていますが、虐待が疑われる場合には、予告なしでの監査など、厳しい対応となります。

解説　感染症の予防及びまん延の防止のための措置

○委員会のメンバー構成
　感染対策の知識を有する者を含む幅広い職種で構成します。内部関係者のみの構成でもよいですが、外部から感染症予防の専門家等を登用できるのが望ましいです。なお、他の検討委員会と一体的に実施することも可能です。

○委員会の開催頻度
　おおむね６ケ月に１回以上をめやすに定期的に開催します。ただし、感染症の流行時期には随時開催してください。

○委員会の活動内容
　主に以下の内容を委員会で検討します。また、委員会の決定事項は全職員への周知徹底が図られるよう努め、議事録等を残してください。
- 感染症対策委員会その他感染症に関する事業所内の組織に関する事項
- 感染症の予防及びまん延防止のための指針の整備に関する事項
- 指針に基づく感染症の予防及びまん延防止の平常時の対応、発生時の対応に関する事項

○指針に盛り込む主な内容
- 平常時の事業所内の衛生管理
- ケアに係る感染対策（手洗い、標準的な予防策等）
- 感染症発生時の状況把握
- 感染症拡大の防止策
- 医療機関、保健所、市町村等の関係機関との連携
- 事業所内の連絡体制

○研修の実施方法と内容

　事業所の指針に基づいた衛生管理の徹底や衛生的なケアの方法などを盛り込み、感染対策の基礎的内容の適切な知識を普及啓発する内容のものを年1回以上実施してください。厚生労働省の「介護現場における感染対策の手引き」等も活用してください。

　基本的に内部研修として実施し、研修の実施内容を記録することが重要です。また、新規採用時には、新規採用職員向けに別途研修を実施してもよいでしょう。

○訓練の実施方法と内容

　事業所における指針や研修内容に基づき、事業所内の役割分担の確認や感染対策をした状態でのケアの演習等を年1回以上実施してください。机上訓練と実地訓練を組み合わせながら実施することが望ましいです。厚生労働省の「新型コロナウイルス感染症感染者発生シミュレーション～机上訓練シナリオ～」も参考としてください。感染症に対する業務継続計画（BCP）研修と一体的に開催することも可能です。

(4) ケアマネジメントプロセス

ケアマネジメントプロセスは、介護サービス業務の流れの基本中の基本です。小規模多機能型居宅介護においては、居宅サービスの計画作成からサービスの提供まで、事業所一体となって提供されます。運営指導でもこの流れに沿って確認が行われますので、書類や記録を整理整頓しておきましょう。

ケアマネジメントの流れについて(参考)

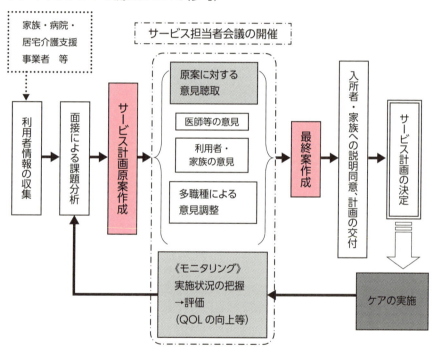

出典：平成28年度第1回川崎市集団指導資料

〈チェック事項〉

> **1 アセスメント、サービス担当者会議**
>
> ☐ 介護支援専門員が開催するサービス担当者会議等を通じて利用者の状況等を把握しているか
> ☐ 利用者の居宅を訪問して、利用者、家族に面談しているか
> ☐ 課題分析標準23項目を網羅しているか
> ☐ サービス担当者会議の内容を記録しているか

1 アセスメント、サービス担当者会議

- サービスの提供に当たっては、介護支援専門員が開催するサービス担当者会議等を通じて利用者の心身の状況、その置かれている環境、他の保健医療サービス、福祉サービスの利用状況等の把握をする必要があります。
- サービス担当者会議は以下の場合に開催します。
    a 介護保険サービスを新規に利用する時
    b 現在利用中の介護保険サービスの変更を希望した時
    c 長期の入院後や家庭環境に大きな変化が生じた時
    d 利用者、家族、介護サービス事業者より開催を求められ、介護支援専門員が必要であると判断した時
    e 更新・区分変更の認定がされた時
- 末期の悪性腫瘍の患者の心身の状況等により主治の医師等の意見を勘案して必要と認めるなどのやむを得ない理由がある場合は、担当者に対する照会等によって意見を求めることができます。
- サービス担当者会議の要点、担当者への照会内容については記録をしておきます。

2 計画の作成

- ☐ 介護支援専門員が登録者の計画の作成に関する業務を担当しているか
- ☐ 利用者の状況等をふまえて、通いサービス、訪問サービス、宿泊サービスを柔軟に組み合わせ、適切にサービスを提供しているか
- ☐ 計画の内容を利用者又は家族に対して説明し、利用者の同意を得、利用者に交付しているか

3 モニタリング

- ☐ 計画作成後も、実施状況や利用者の様態の変化等の把握を行い、必要に応じて計画の変更をしているか

4 ケアの実施

- ☐ 計画に基づき、利用者の機能訓練や日常生活に必要な援助を適切に行っているか
- ☐ 通いサービスの利用者が登録者数に比べて著しく少ない状態（3分の1以下）となっていないか
- ☐ 利用者が通いサービスを利用していない日においても、訪問サービス・電話連絡等による見守り等適切なサービスを提供しているか
- ☐ 通いサービスと訪問サービスを合わせて週4日以上提供しているか

2 計画の作成

- 管理者は、介護支援専門員に居宅サービス計画（ケアプラン）と、小規模多機能型居宅介護計画の作成に関する業務を担当させます。
- 介護支援専門員は、利用者の心身の状況、希望、その置かれている環境をふまえて、他の従業者と協議の上、援助の目標を立て、その目標を達成するための具体的なサービス内容等を記載した小規模多機能型居宅介護計画を作成します。これを基本として、利用者の日々の様態、希望等を勘案して、適切に**通いサービス、訪問サービス、宿泊サービスを組み合わせて**提供します。また、利用者の**要介護状態の軽減又は悪化の防止に資するよう**（介護予防に資するよう）、その目標を設定し、計画的に行わなければなりません。
- 介護支援専門員は、計画を作成するに当たって、地域における活動への参加の機会が提供されること等によって、利用者の多様な活動が確保されるものとなるように努めなければなりません。
- 小規模多機能型居宅介護事業所の介護支援専門員が登録者のケアプランを作成し、事業所以外の訪問看護等の居宅サービス等について給付管理を行うこととされているために密接な連携が必要です。サービス種類相互の算定関係としては、**訪問看護費、訪問リハビリテーション費、居宅療養管理指導費、福祉用具貸与費の算定は可能**となっています。その場合、主治医の意見を確認し、計画の控えを主治医等に交付しなければなりません。
- 小規模多機能型居宅介護事業所内での居宅療養管理指導を除く居宅サービスの利用をケアプランに位置づけ、算定することはできません。

3 モニタリング

- 特段の事情のない限り、少なくとも1ケ月に1回は利用者の居宅を訪問し、利用者に面接して、モニタリングの結果を記録します。モニタリングを通じて把握した利用者や家族の意向、目標の達成状況、事業者との調整内容、居宅サービス計画の変更の必要性等については居宅介護支援経過記録に記載します。

4 ケアの実施

- サービスの提供では、小規模多機能型居宅介護計画に基づいて、漫然かつ画一的にならないように、利用者の機能訓練及びその者が日常生活を営むことができるよう必要な援助を行うこととされています。
- 通いサービスの利用者が登録定員に比べて著しく少ない状態が続くものであってはなりません。**著しく少ない状態は登録定員のおおむね3分の1以下がめやす**となります。登録者が通いサービスを利用していない日には、可能な限り、訪問サービスの提供、電話連絡による見守りを行う等、登録者の居宅における生活を支えるために適切なサービスを提供しなければなりません。訪問サービスは身体介護に限らないので、見守りの意味で声かけを行った場合でも訪問サービスの回数にすることができます。

> **ポイント** サービス終了時の連携も忘れずに！
>
> サービスを提供する場合だけではなく、終了する際にも、居宅サービス事業者、地域包括支援センター、保健医療サービス、福祉サービスの提供者とは密接に連携し、利用者が他サービス等を円滑に利用できるよう努めてください。

(5) 会計の区分

〈チェック事項〉

> **1 会計の区分**
> ☐ 複数の拠点がある場合は、拠点ごとに会計を区分しているか
> ☐ 複数の部門（事業）がある場合は、事業ごとに会計を区分しているか

1 会計の区分

- 「会計の区分」とは、事業所ごと、事業ごとに会計を分けるというルールのことで、運営基準に定められています。
- **複数の拠点※を運営している場合は、その拠点ごとに**会計を分けなければいけません。これを「本支店会計」といいます。

    ※同じ事業者でも別々の場所に複数の事業所をもち、それぞれサービスを行っている場合は、各事業所が拠点となります。

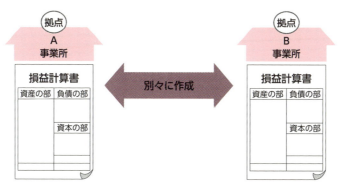

- 複数の拠点で営業している場合は、拠点ごとに、それぞれで実施している介護事業や自費サービス、他の事業ごとに、収入・経費・利益を分けて損益計算書を作ります。

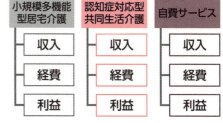

- ひとつの拠点で小規模多機能型居宅介護と認知症対応型共同生活介護、障害福

祉サービス、自費サービス、一般事業等の**複数の部門を営んでいる場合は、それぞれの部門ごとに**分けて会計を行います。これを「部門別会計」といいます。
- 「会計を分ける」とは、少なくとも損益計算書をそれぞれ別に作成するということです。収入だけでなく、給与や電気代、ガソリン代など**すべての経費を拠点ごと、部門ごとに分けなければなりません**。一般的には、経費を使った部署が明らかな場合は、会計伝票を分けて起票します。

> **ポイント** 電気代などは月末決算時に按分
>
> 日常の経理では、同じ建物内の電気代や水道代など明確に分けることができない経費を共通経費としてまとめておいて、月末や決算時に「按分比率」というものを使って各サービスの部門に割り振ります。これを共通経費按分といいます。「按分比率」の基準としては、厚生労働省から、「延利用者数割合」などの例示が出ています※。
>
> しかし、それほど厳密に考える必要はなく、運営指導で担当者に説明できる合理的な基準を用いて割り振っていれば問題はありません。介護施設や社会福祉法人の会計基準にも同様の会計の区分の規定があります。
>
> これを怠り、運営指導で指摘された場合、通常は3年前にさかのぼって会計の区分に沿った決算書の再作成と提出が求められます。
>
> ※平成13年3月28日老振発第18号「介護保険の給付対象事業における会計の区分について」

> **注意！** 会計事務所に任せているから大丈夫？
>
> 会計事務所が通常行っているのは税務会計といって、税金の計算のための会計です。それと介護保険制度上の「会計の区分」は別物であり、この基準があることを多くの会計事務所はまだ知りません。
>
> 「会計の区分」を知っているかどうかは、契約している会計事務所の介護事業に関する知識のレベルを測る物差しにもなります。会計事務所が介護保険制度に対応した会計ができるかどうか、見極めることも大切です。任せきりはいけません。

2 情報公表制度への経営情報の掲載

☐ 経営情報公表の対象事業所であるか
☐ 公表する事項はすべてそろっているか
☐ 会計年度終了後3ケ月以内に提出しているか

2 情報公表制度への経営情報の掲載

- 令和6年度改正により、介護サービス事業者経営情報を、所轄する都道府県知事に報告することが義務化されました（介護保険法第115条の44の2第2項）。提出をしない又は虚偽の報告を行った場合は、期間を定めて報告もしくは内容を是正することを命ずることができるとされ（同第6項）、その命令に従わない時は、指定取消しや業務停止の処分ができるとされています（同第8項）。
- 財務諸表等の経営情報を定期的に都道府県知事に届け出るための提出方法として、情報提供のための全国的な電子開示システムとデータベースが整備され、情報公表システムへの提出となります。提出期限は毎会計年度終了後3ケ月以内です（令和6年度は年度末までに提出）。
- 小規模事業者等に配慮する観点から、運営するすべての施設・事業所が、以下のいずれかに該当する場合には提出の対象外とされています。
    a 当該会計年度に提供を行った介護サービスに係る費用の支給の対象となるサービスの対価として支払を受けた金額が100万円以下であるもの
    b 災害その他都道府県知事に対し報告を行うことができないことにつき正当な理由があるもの
- 介護サービス事業者から都道府県知事に対して報告が義務づけられている介護サービス事業者経営情報は以下の事項となります。ただし、介護サービス事業者の有する事業所又は施設の一部が上記の **a・b** の基準に該当する場合には、その事業所又は施設に係る事項は含まないものとします。

①事業所又は施設の名称、所在地その他の基本情報
②事業所又は施設の収益及び費用の内容
③事業所又は施設の職員の職種別人員数その他の人員に関する事項
④その他必要な事項

- 提出される経営情報は、施設・事業所単位で集計する必要があり、その会計基準は「会計の区分」で処理されたものとなります。公表が必要な財務諸表は、貸借対照表、損益計算書、キャッシュフロー計算書です。原則として、介護サービス事業所又は施設単位での提出となります。ただし、拠点や法人単位で一体会計をしていて、事業所又は施設単位での区分けが困難な事業者は、拠点単位や法人単位での提出が可能です。その場合は、公表対象が明確になるように、会計に含まれている事業所又は施設を明記することが必要です。

> **ポイント　1人当たり賃金の公表は任意です**
>
> 　介護サービス情報公表制度には1人当たり賃金の項目もありますが、任意の情報とされています。原則として、介護サービス事業所又は施設単位での提出となります。ただし、事業者の希望によって法人単位での公表も可能ですが、その場合は含まれている事業所又は施設を明記することが必要です。

(6) 管理者の責務等

〈チェック事項〉

1 管理者の責務

- □ 管理者は、従業者の管理及び当該事業の利用の申込に係る調整、業務の実施状況の把握その他の管理を一元的に行っているか
- □ 従業者に運営基準の規定を遵守させるため必要な指揮命令を行っているか

2 勤務体制の確保

- □ 適切なサービスを提供できるよう、従業者の勤務の体制を定めているか（勤務予定表の作成）
- □ 事業所の従業者によってサービスの提供が行われているか
- □ 従業員の資質の向上のため、（事業所内）研修等を実施しているか。研修機関が実施する各種外部研修への参加の機会を確保しているか
- □ 計画的な研修の実施のために、年間の研修スケジュールを作成しているか

2 勤務体制の確保

- 事業所ごとに、原則として月ごとの勤務予定表を作成して、日々の勤務時間、職種の内容、常勤・非常勤の別、管理者との兼務関係等を明確に記載します。
- 直接にサービスを提供する職員は、雇用契約、労働者派遣契約その他の契約によって、事業所の管理者の指揮命令下にある必要があります。

> **ポイント** ▶ 調理や洗濯などは委託も可能！
>
> 　調理、洗濯等の利用者の処遇に直接影響を及ぼさない業務については、第三者への委託も可能です。外部委託を活用し、従業者が利用者のケアに専念できる体制を整えることもサービスの質の向上につながります。

3 衛生管理等

☐ 職員の清潔の保持及び健康状態について、必要な管理を行っているか
☐ 職員が感染源となること等を予防するための設備・備品等を備えているか
☐ 設備、食器、水、備品等について、衛生的な管理に努めているか（設備の清掃、消毒、備品等の保管方法、保管状態）

3 衛生管理等

- 利用者と接する職員の健康状態にも気をつけると共に、職員からの感染を予防するためにも、手指洗浄設備、使い捨て手袋等を備えておきましょう。
- 利用者の使用する施設、食器、飲料水、備品などについては衛生的な管理に努め、衛生上必要な措置を講じなければなりません。
- 特に、インフルエンザ対策、腸管出血性大腸菌感染症対策、レジオネラ症対策等については、別に通知が発出されています。その発生やまん延を防止するための措置等について、これに基づき適切な措置を講じましょう。
- 食中毒や感染症の発生を防止するための措置等については、必要に応じて**保健所の助言指導を求める**と共に、常に密接な連携を保ちましょう。
- 空調設備等により施設内の適温の確保に努めることも必要です。

> **注意！** 感染症の流行時には特に気をつけて情報収集を！
>
> 　感染症の流行時には適時注意を促す通知等も発出されます。事業所の中だけではなく、地域や最新の情報にも目を向けて注意しましょう。

(7) 運営推進会議

〈チェック事項〉

> **1** 運営推進会議の開催
>
> □ 2ケ月に1回以上、運営推進会議を開催しているか

1 運営推進会議の開催

- 運営推進会議とは、事業所が、定期的に利用者、市町村職員、地域住民の代表者等に参加してもらい、提供しているサービスの内容などを明らかにするもので、利用者の「抱え込み」を防止して地域に開かれたサービスとすることで、サービスの質の確保を図ることを目的としています。開催しない場合、運営基準違反で行政処分の対象となります。
- 運営推進会議は、**おおむね2ケ月に1回以上開催**します。また、外部評価は運営推進会議に報告した上で公表します。

> **ポイント ▶ 複数の事業所の合同開催**
>
> 　運営推進会議の複数の事業所の合同開催について、以下の要件を満たす場合に認められます。
> - 利用者及び利用者家族については匿名とするなど、個人情報・プライバシーを保護すること
> - 同一の日常生活圏域内に所在する事業所であること
> - 1年間の通常開催回数の半分までを合同開催としていること

2 運営推進会議の参加者

☐ 事業所の参加者に加えて、外部から4人以上参加しているか

3 議事録の作成・公表

☐ 運営推進会議の議事録を作成しているか
☐ 議事録には次の事項が記載されているか
　☐ 活動内容の報告
　☐ 活動内容に対する評価
　☐ 参加者のアドバイス
☐ 運営推進会議の議事録は適切な方法で公表しているか

2 運営推進会議の参加者

● 参加者としては、事業所の管理者などに加えて、外部から基本的に4人以上参加してもらう必要があります。外部参加者は次のa～dから各々1人以上の合計4人以上となっています。

- a 利用者、利用者の家族
- b 地域の代表者等（町内会役員、民生委員、老人クラブの代表者など）
- c 管轄地域の地域包括支援センター職員、在宅介護支援センター職員、行政職員のいずれか
- d その他学校の先生、警察職員、店員、消防署職員、近隣住民など知見を有する者

> **ポイント** ▶ 運営推進会議のテーマは自由！
>
> 　会議の開催テーマは、サービスの運営に関することであれば何でもよいでしょう。一般的に考えられるテーマとしては次のようなものがあります。
> - 利用者の状況、行事の実施報告
> - 家族からの要望、意見
> - 地域行事への参加について　など

> **ポイント** ▶ 運営推進会議の進め方
>
> 　会議の進行は、一般的には次のような順番で行われます。
>
> 　開催テーマについての報告（事業所の運営状況など）
> 　　　　　↓
> 　報告内容について、参加者の評価を受ける
> 　　　　　↓
> 　参加者から要望やアドバイスを受ける

3 議事録の作成・公表

- 運営推進会議の内容は、**議事録に記録**しなければなりません。議事録には、「活動内容の報告」「活動内容に対する評価」「参加者のアドバイス」の3つを網羅しなければなりません。
- 事業所には**運営推進会議の議事録を公表する義務があります**が、公表の方法には次のようなものがあります。
    a　事業所の入口に貼って掲示する
    b　事業所通信などに記載して配布する
    c　事業所のホームページに掲載する
    d　市町村のホームページに掲載を依頼する
    e　介護サービス情報公表システム
    f　福祉医療情報ネットワークシステム（WAMNET）　など

運営推進会議開催の流れとポイント

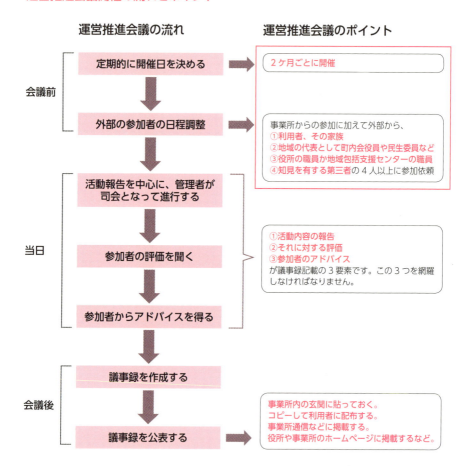

(8) 介護現場の生産性の向上

〈チェック事項〉

1 介護現場の生産性の向上

☐ 利用者の安全並びに介護サービスの質の確保及び職員の負担軽減に資する方策を検討するための委員会を定期的に開催しているか

※3年間の経過措置が設けられており、令和9年3月31日までは努力義務

1 介護現場の生産性の向上

- 業務の効率化、介護サービスの質の向上その他の生産性の向上に資する取組みの促進を図るため、定期的に委員会を開催しましょう。開催頻度は事業所の状況をふまえ、適切な頻度としてください。また、厚生労働省の「介護サービス事業における生産性向上に資するガイドライン」などを参考に取組みを進めることが望ましいとされています。
- 委員会は、管理者やケア等を行う職種を含む幅広い職種により構成することが望ましいです。各事業所の状況に応じ、必要な構成メンバーを検討しましょう。また、生産性向上の取組みに関する外部の専門家を活用することもよいでしょう。
- 委員会はテレビ電話装置等を活用して行うこともできます。
- 委員会の名称は、「利用者の安全並びに介護サービスの質の確保及び職員の負担軽減に資する方策を検討するための委員会」と法令で規定されていますが、方策が適切に検討される限り、法令とは異なる委員会の名称でも問題ありません。

> **ポイント** 他の会議との一体的な開催や他の事業者との連携による開催も可能です
>
> 　事故発生の防止のための委員会など、他に事業運営に関する会議を開催している場合、これと一体的に設置・運営することができます。
> 　また、事業所ごとに実施が求められていますが、他のサービス事業者との連携等により行うこともできます。
> 　運営基準上必要とされる委員会が多くあるため、既存の仕組みを上手に利用して体制を整えましょう。

> **ポイント 委員会の開催概要**
>
> 　委員会の開催概要は次の通りです。
> ・現場職員の意見を適切に反映するため、管理者だけでなく、ケアを行う職員を含む幅広い職種やユニットリーダー等が参加
> ・以下（1）～（4）の事項について検討
> 　（1）利用者の安全及びケアの質の確保
> 　（2）職員の負担の軽減及び勤務状況への配慮
> 　（3）介護機器の定期的な点検
> 　（4）介護機器等を安全かつ有効に活用するための職員研修

4 認知症対応型共同生活介護　人員・設備・運営基準

　認知症対応型共同生活介護（グループホーム）では、2019年5月に「標準確認項目」及び「標準確認文書」により実地指導（当時。現在は「運営指導」）を行う指針が示されました。そのため、本書では運営指導の標準確認項目を基に具体的な項目を追加しました。

(1) 人員基準

人員基準を満たすのはこんな配置！

〈チェック事項〉

1 従業員の員数

【標準確認項目】
- ☐ 利用者に対し、従業者の員数は適切であるか
- ☐ 計画作成担当者は必要な研修を受けているか

【標準確認文書】
- ☐ 従業者の勤務体制及び勤務実績がわかるもの（例：勤務体制一覧表、勤務実績表）
- ☐ 従業者の勤怠状況がわかるもの（例：タイムカード、勤怠管理システム）
- ☐ 資格要件に合致していることがわかるもの（例：資格証の写し、研修を終了したことがわかるもの）

2 管理者

【標準確認項目】
- ☐ 管理者は常勤専従か、他の職務を兼務している場合、兼務体制は適切か
- ☐ 管理者は必要な研修を受けているか

【標準確認文書】
- ☐ 管理者の雇用形態がわかるもの
- ☐ 管理者の勤務体制及び勤務実績がわかるもの（例：勤務体制一覧表、勤務実績表）
- ☐ 管理者の勤怠状況がわかるもの（例：タイムカード、勤怠管理システム）
- ☐ 研修を修了したことがわかるもの

3 人員基準

①介護従業者
- ☐ 介護従業者のうち1人以上の者は、常勤となっているか
- ☐ 日中の介護従業者の員数は標準数（利用者数が3人に対して1人）を満たしているか
- ☐ 夜間及び深夜の時間帯には、ユニットごとに1人以上配置しているか
- ☐ 3ユニットの場合で夜勤職員を2人とする時は、各ユニットが同一階で、安全対策がとられているか
- ☐ 医療・福祉系の資格がない職員に認知症介護基礎研修を受講させているか

②計画作成担当者
- ☐ 事業所に計画作成担当者を1人以上配置しているか
- ☐ 計画作成担当者は、必要な研修を修了しているか
- ☐ 計画作成担当者を2人以上配置する場合、うち1人以上の者は介護支援専門員か

③管理者
- ☐ ユニットごとに常勤専従の管理者を置いているか
- ☐ 3年以上認知症高齢者の介護に従事した経験を有しているか
- ☐ 認知症対応型サービス事業管理者研修を修了しているか

④代表者
- ☐ 代表者は、以下のいずれかの経験を有しているか
    - ☐ 指定の施設において認知症である者の介護に従事した経験があるか
    - ☐ 保健医療又は福祉医療サービスの経営に携わった経験があるか
- ☐ 認知症対応型サービス事業開設者研修を修了しているか

3 人員基準

①介護従業者

- 日中（夜間及び深夜の時間帯以外）は、利用者の数が3又はその端数を増すごとに、常勤換算方法で1人以上の配置が必要で（3：1）、そのうち1人は常勤であることが必要です。
- 夜間及び深夜の時間帯には、時間帯を通じて1人以上の夜勤業務に必要な数以上の配置が必要です。

> **ポイント　（看護）小規模多機能型居宅介護事業所と併設の場合は兼務可！**
>
> （看護）小規模多機能型居宅介護事業所を併設している事業所では、員数を満たす介護従業者を置くほか、（看護）小規模多機能型居宅介護事業所の人員を満たす従業者を配置している場合、入居者の処遇に支障がない限り併設する（看護）小規模多機能型居宅介護事業所の職務に従事することが可能です。

- 3ユニットの場合、各ユニットが同一階に隣接しており、職員が円滑に利用者の状況把握を行い、速やかな対応が可能な構造となっていて、安全対策（マニュアルの策定、訓練の実施）をとっていることを要件として、例外的に夜勤2人以上の配置が可能とされています。**この場合、3ユニット2人夜勤の報酬として、50単位の減額**となります。
- 介護職員として配置する職員のうち、医療・福祉関係の資格をもたない職員には、認知症介護基礎研修の受講が義務づけられています。外国人介護職員も在留資格にかかわらず、義務づけの対象となります。
  ➡「ポイント　認知症介護基礎研修の受講義務がない介護職員」6頁を参照

②計画作成担当者

- 介護支援専門員である計画作成担当者は事業所に1人以上専従の配置が必要です。2人以上配置する場合、**1人は介護支援専門員の資格が必要**です。利用者の処遇に支障がない場合は、他の職務、管理者との兼務も可能です。
- 保健医療サービス又は福祉サービスの利用に係る計画の作成に関し、知識及び経験が必要であり、「**認知症介護実践者研修**」又は「**実務者研修基礎課程**」を修了していなければなりません。なお、介護支援専門員ではない計画作成担当者は、特別養護老人ホームの生活相談員や介護老人保健施設の支援相談員その他の認知症である者の介護サービスに係る計画の作成に関し実務経験を有すると認められる者をもって充てることができます。

> **ポイント** 介護支援専門員を配置しないことができる場合
>
> 　（看護）小規模多機能型居宅介護事業所を併設している場合、介護支援専門員との連携により、認知症対応型共同生活介護事業所の効果的な運営を期待することができ、利用者の処遇に支障がない時は介護支援専門員を置かないことができます。
>
> 　ただし、（看護）小規模多機能型居宅介護との併設の場合、グループホームの計画作成担当者は、自身が勤務するユニットの介護職員又はグループホームの管理者のみ兼務が可能とされています。併設の（看護）小規模多機能型居宅介護の職務との兼務はできません。

③管理者

- ユニットごとに常勤専従の管理者が必要です。ただし、次の場合で、ユニットの管理上支障がない場合は、兼務が可能です。
  a 　共同生活住居の他の職務に従事する場合
  b 　他の事業所、施設等の職務に従事する場合
- 適切なサービスを提供するために必要な知識と経験を有する必要があり、特別養護老人ホーム、老人デイサービスセンター、介護老人保健施設、介護医療院、

指定認知症対応型共同生活介護事業所等の従業者又は訪問介護員等として、3年以上認知症である者の介護に従事した経験が必要です。さらに、**認知症対応型サービス事業管理者研修を修了**していることが要件です。

④代表者

- 代表者は、以下のいずれかの経験を有する者である必要があります。
  - a　特別養護老人ホーム、老人デイサービスセンター、介護老人保健施設、介護医療院、指定認知症対応型共同生活介護事業所等の従業者もしくは訪問介護員等として、認知症である者の介護に従事した経験
  - b　保健医療サービス又は福祉サービスの提供を行う事業の経営に携わった経験

  さらに、**認知症対応型サービス事業開設者研修を修了**していることが要件です。

4 認知症対応型共同生活介護　人員・設備・運営基準

処分事例 1

夜勤者を未配置のまま夜間に利用者を受け入れ
2011 年 1 月　指定取消し

行政処分の理由

小規模多機能型居宅介護で、宿泊の利用者がいるにもかかわらず、夜勤者を配置していませんでした。人員基準違反でありながら、介護報酬の減算を行っていませんでした。

さらに、実地検査時に、宿泊の利用者がいるにもかかわらず、いないものとして提出書類を作成するという虚偽の報告と答弁をしていました。

このため、不正に得た約 3,100 万円の報酬に追徴金約 1,200 万円が加わり、4,300 万円の返還となりました。

なお、17 名の利用者がいましたが、すべて他の事業所へ移行されました。

ポイント

▶夜勤者の未配置は大変危険です

このケースでは、不正請求に問題があるのはもちろんのこと、宿泊の利用者がいながら夜勤職員が不在という状態は、利用者の安全も確保されない大変危険なことです。**職員の確保ができないままに利用者を受け入れることがないよう、十分注意しましょう。**

▶不正行為による請求には追徴金があります

不正行為により保険給付を受けた場合には、**40％の追徴金を課すことができる**とされています（介護保険法第 22 条）。そのため、不正により得た以上の多額の返還が必要となってしまいます。指導において誤りが見つかった場合には、適切な対応が求められます。

(2) 設備基準

〈チェック事項〉

1 設備

【標準確認項目】
- ☐ 指定申請時(更新時含む)又は直近の変更届の平面図に合致しているか(目視)
- ☐ 使用目的に沿って使われているか（目視）

【標準確認文書】
- ☐ 平面図（行政機関側が保存しているもの）

2 設備・備品等

- ☐ 居室は個室であるか（処遇に必要な場合は2人部屋も可）
- ☐ 居室の床面積は7.43m²以上であるか
- ☐ 居間、食堂、台所、トイレ、洗面設備、浴室、事務室、消火設備その他の非常災害に際して必要な設備があるか

2 設備・備品等

- 居室を2人部屋とする場合とは、夫婦で居室を利用する場合などが考えられます。**事業者の都合により一方的に2人部屋とすることはできません。** 2人部屋とする場合の面積の最低基準はありませんが、充分な広さを確保しましょう。
- 原則として、すべての事業所でスプリンクラー設備の設置が義務づけられています。
- これらのほか、消防設備や入居者のプライバシーの確保等も必要となるため、小規模多機能型居宅介護の設備基準を参考としてください。
  → 「2 小規模多機能型居宅介護　設備基準」16頁を参照

(3) 運営基準

〈チェック事項〉

1 内容及び手続の説明及び同意

【標準確認項目】
- □ 利用申込者又はその家族への説明を行っているか
- □ 利用申込者の同意を得ているか
- □ 重要事項説明書の内容に不備等はないか

【標準確認文書】
- □ 重要事項説明書（利用申込者の同意があったことがわかるもの）
- □ 利用契約書

→「3 小規模多機能型居宅介護　運営基準」(1) 2 重要事項説明書 20頁を参照

2 受給資格等の確認

【標準確認項目】
- □ 被保険者資格、要介護認定の有無、要介護認定の有効期限を確認しているか

【標準確認文書】
- □ 介護保険番号、有効期限等を確認している記録等

→「3 小規模多機能型居宅介護　運営基準」(3) 4 受給資格の確認 26頁を参照

3 入退居

【標準確認項目】
- ☐ 入居申込者が認知症であることを確認しているか
- ☐ 入居申込者の心身の状況、生活歴、病歴等の把握に努めているか

【標準確認文書】
- ☐ アセスメントの結果がわかるもの
- ☐ モニタリングの結果がわかるもの
- ☐ 認知症対応型共同生活介護計画（利用者の同意があったことがわかるもの）
- ☐ 診断書

3 入退居

- 入居の際には、医師の**診断書等により入居申込者が認知症である者であることを確認**します。また、入居時には、心身の状況、生活歴、病歴等の把握に努めなければなりません。
- 退居時には、利用者とその家族の希望をふまえた上で、退居後の生活環境や介護の継続性に配慮して、退居に必要な援助を行います。また、退居に際しては適切な指導を行い、居宅介護支援事業者等への情報の提供と、保健医療サービス、福祉サービスを提供する者との密接な連携に努めましょう。

4 サービス提供の記録

【標準確認項目】
- [ ] 提供した具体的なサービスの内容等（サービスの提供日、提供したサービスの内容、利用者の状況、その他必要な事項）を記録しているか

【標準確認文書】
- [ ] サービス提供記録
- [ ] モニタリングの結果がわかるもの

5 利用料等の受領

【標準確認項目】
- [ ] 利用者からの費用徴収は適切に行われているか
- [ ] 領収書を発行しているか

【標準確認文書】
- [ ] 領収書
- [ ] 請求書

4 サービス提供の記録

● サービス提供記録には、その日に実施したサービスの内容、提供時間、担当者名の記載が必要です。具体的な利用者の状況として、サービス開始前のバイタルチェックの記録、食事の量、トイレの回数、その他気づいた点などを記載します。

5 利用料等の受領

● 介護保険制度では、自動振替や口座振り込みでの入金であっても、必ず領収書を発行します。**請求書と領収書は、明細型のものを発行します。**その理由は、利用者の確定申告における医療費控除にあります。認知症対応型共同生活介護は福祉系サービスで、通常は確定申告での医療費控除の対象外です。しかし、利用者が医療系サービス、すなわち訪問看護やデイケアなどを利用している場合は医療費控除の対象となります。この場合、リハビリパンツ代や食事代、おやつ代、レクリエーション実費などは控除対象とならないために明確に区別する必要があります。そのために明細型の領収書の発行が義務とされます。

> **ポイント　その他日用品費に係る費用も説明と同意が必要！**
>
> 　利用料のほか、次に掲げる費用の額の支払を利用者から受けることができます。
> a　食材料費
> b　理美容代
> c　おむつ代
> d　認知症対応型共同生活介護において提供される便宜のうち、日常生活においても通常必要となるものに係る費用であって、その利用者に負担させることが適当と認められる費用
>
> 　これら費用に係るサービスの提供に当たっても、あらかじめ、利用者又はその家族に対してサービスの内容と費用について説明を行い、利用者の同意が必要です。
>
> ➡ 第3章 「(1) その他の日常生活費」216頁を参照

6 取扱方針

【標準確認項目】
- [ ] 生命又は身体を保護するため、緊急やむを得ない場合を除き、身体的拘束等（身体拘束その他利用者の行動を制限する行為を含む）を行っていないか
- [ ] 身体的拘束等を行う場合に要件（切迫性、非代替性、一時性）をすべて満たしているか
- [ ] 身体的拘束等を行う場合、その態様及び時間、その際の利用者の心身の状況ならびに緊急やむを得ない理由を記録しているか
- [ ] 身体的拘束等の適正化のための対策を検討する委員会を３月に１回以上開催しているか
- [ ] 身体的拘束等の適正化のための指針を整備しているか
- [ ] 介護職員その他の従業者に対し、身体的拘束等の適正化のための研修を定期的に開催しているか
- [ ] 自ら提供するサービスの質の評価を行うと共に、定期的に外部の者又は運営推進会議による評価を受け、結果を公表しているか

【標準確認文書】
- [ ] 身体的拘束等の記録（身体的拘束等がある場合）
- [ ] 身体的拘束等の適正化のための指針
- [ ] 身体的拘束等の適正化検討委員会の開催状況及び結果がわかるもの
- [ ] 身体的拘束等の適正化のための研修の開催状況及び結果がわかるもの
- [ ] 外部又は運営推進会議による評価の結果

6 取扱方針

- サービスの提供に当たっては、利用者又は他の利用者等の生命又は身体を保護するため、緊急やむを得ない場合を除いて身体的拘束等を行ってはなりません。
- また、緊急時に身体的拘束等を行う場合には、その態様、時間、その際の利用者の心身の状況、緊急やむを得ない理由を記録しなければなりません。
  → 「3 小規模多機能型居宅介護　運営基準」(3) 5 身体的拘束等の禁止 28 頁を参照
- 身体的拘束等の適正化を図るため、次に掲げる措置を講じます。
  a 身体的拘束等の適正化のための対策を検討する委員会を 3 月に 1 回以上開催し、その結果について、介護職員その他の従業者に周知徹底を図ること
  b 身体的拘束等の適正化のための指針を整備すること
  c 介護従業者その他の従業者に対し、身体的拘束等の適正化のための研修を定期的（年 2 回以上）に実施すること
  → 「解説　身体的拘束等の適正化を図る措置」40 頁を参照

7 介護計画の作成

【標準確認項目】
- [ ] 利用者の心身の状況、希望及びその置かれている環境等をふまえているか
- [ ] 介護従業者と協議の上、援助の目標、当該目標を達成するための具体的なサービスの内容等を定めているか
- [ ] 認知症対応型共同生活介護計画を利用者や家族に説明し、利用者の同意を得ているか
- [ ] 認知症対応型共同生活介護計画の実施状況の把握を行っているか
- [ ] 必要に応じて認知症対応型共同生活介護計画の変更を行っているか

【標準確認文書】
- [ ] 認知症対応型共同生活介護計画（利用者の同意があったことがわかるもの）
- [ ] アセスメントの結果がわかるもの
- [ ] サービス提供記録
- [ ] モニタリングの結果がわかるもの

7 介護計画の作成

- 管理者は、計画作成担当者に、認知症対応型共同生活介護計画の作成に関する業務を担当させます。
- 認知症対応型共同生活介護計画の作成に当たっては、通所介護等の活用、地域における活動への参加の機会の提供等により、利用者の多様な活動の確保に努めます。また、利用者の心身の状況、希望及びその置かれている環境等をふまえ、他の介護従業者と協議の上、援助の目標、当該目標を達成するための具体的なサービスの内容等を記載した認知症対応型共同生活介護計画を作成します。
- 認知症対応型共同生活介護計画の作成に当たっては、その内容について利用者とその家族に対して説明し、**利用者の同意**を得ます。また、作成した計画を**利用者に交付**しなければなりません。
- 計画の作成後も、他の介護従業者及び利用者が計画に基づき利用する他の居宅サービス等を行う者との連絡を継続的に行うことにより、計画の実施状況の把握をし、必要に応じて計画の変更をしていきます。

8 介護等

【標準確認項目】
☐ サービス提供は事業所の従業者によって行われているか
☐ 利用者の食事その他の家事等(清掃、洗濯、買物、園芸、農作業、レクリエーション、行事等)は、原則として利用者と介護従業者が共同で行うよう努めているか

【標準確認文書】
☐ 雇用の形態(常勤・非常勤)がわかるもの
☐ サービス提供記録

9 緊急時等の対応

【標準確認項目】
☐ 緊急時等において、速やかに主治の医師又は協力医療機関に連絡しているか
【標準確認文書】
☐ サービス提供記録

9 緊急時等の対応

- 緊急時対応マニュアルの整備と共に、職員研修での活用も問われます。利用者の急な体調不良などの場合、適切に主治医又は協力医療機関に連絡して指示を受けます。その過程や主治医等の指示の内容、対応状況などをサービス提供記録に記載します。

10 運営規程

【標準確認項目】
☐ 運営における以下の重要事項について定めているか
　☐ 事業の目的及び運営の方針
　☐ 従業者の職種、員数及び職務内容
　☐ 利用定員
　☐ 指定認知症対応型共同生活介護の内容及び利用料その他の費用の額
　☐ 入居に当たっての留意事項
　☐ 非常災害対策
　☐ 虐待の防止のための措置に関する事項
　☐ その他運営に関する重要事項
【標準確認文書】
☐ 運営規程

➡「3　小規模多機能型居宅介護　運営基準」(1)　1 運営規程 20頁を参照

11 勤務体制の確保等

【標準確認項目】
- ☐ 利用者に対し、適切なサービスが提供できるよう従業者の勤務体制を定めているか
- ☐ 利用者が安心して日常生活を送ることができるよう、継続性を重視したサービス提供に配慮しているか
- ☐ 資質向上のために研修の機会を確保しているか
- ☐ 認知症介護に係る基礎的な研修を受講させるため必要な措置を講じているか
- ☐ 性的言動、優越的な関係を背景とした言動による就業環境が害されることの防止に向けた方針の明確化等の措置を講じているか

【標準確認文書】
- ☐ 従業者の勤務体制及び勤務実績がわかるもの（例：勤務体制一覧表、勤務実績表）
- ☐ 雇用の形態（常勤・非常勤）がわかるもの
- ☐ 研修の計画及び実績がわかるもの
- ☐ 職場におけるハラスメントによる就業環境悪化防止のための方針

11 勤務体制の確保等

- サービスを直接担当する職員とは必ず雇用契約を締結して、**管理者の指揮命令下に置く**必要があります。運営指導では職員の雇用契約書が確認され、雇用契約以降に配置転換などがあった場合は、辞令などが確認されます。また、管理者の業務として計画的な職員の能力向上があるので、年間の研修スケジュール表などが確認されます。その研修の実施記録も重要な確認書類です。
  → 「3 小規模多機能型居宅介護　運営基準」(6) 2 勤務体制の確保 55 頁を参照
- ハラスメント対策については、上司や同僚など事務所内だけではなく、利用者とその家族からのハラスメントを含めた対応が必要です。就業規則などに盛り込むと共に、相談窓口の設置や研修などにも取り組まなければなりません。

12 定員の遵守

【標準確認項目】
- [ ] 入居定員及び居室の定員を上回っていないか

【標準確認文書】
- [ ] 国保連への請求書控え

13 業務継続計画の策定等

【標準確認項目】
- [ ] 感染症、非常災害発生時のサービスの継続実施及び早期の業務再開の計画（業務継続計画）の策定及び必要な措置を講じているか
- [ ] 従業者に対する計画の周知、研修及び訓練を定期的に実施しているか
- [ ] 定期的に計画の見直しを行い必要に応じて計画の変更を行っているか

【標準確認文書】
- [ ] 業務継続計画
- [ ] 研修の計画及び実績がわかるもの
- [ ] 訓練の計画及び実績がわかるもの

12 定員の遵守

- 共同生活住居の入居定員は1ユニット当たり、5人以上9人以下です。**月平均で定員を超過している場合は、定員超過利用減算の対象**となり、30%の減算となってしまいます。また、運営規程に記載された定員を1人でも超えた日が1日でもある場合は運営基準違反として指導されます。その超過状態が長期間にわたって継続反復した場合は、行政処分の対象にもなるため、十分注意を払いましょう。
  - ➡ 第2章「2 (3) 定員超過利用減算」129頁を参照

13 業務継続計画の策定等

- 業務継続に向けた計画（BCP）等の策定、研修の実施、訓練（シミュレーション）の実施等が必要です。
- 研修と訓練は、定期的（年2回以上）に実施して記録しなければなりません。なお、感染症に対する業務継続計画研修は、感染症対策の研修と一体的に実施することも可能です。訓練では感染症や災害が発生した場合に実践するケアの演習等を実施します。
  - ➡「ポイント 業務継続計画（BCP）の研修と訓練」37頁を参照

14 非常災害対策

【標準確認項目】
- [ ] 非常災害（火災、風水害、地震等）に対する具体的計画はあるか
- [ ] 非常災害時の関係機関への通報及び連携体制は整備されているか
- [ ] 避難・救出等の訓練を定期的に実施しているか
- [ ] 訓練の実施に当たって、運営推進会議を活用し、地域住民の参加が得られるよう連携に努めているか

【標準確認文書】
- [ ] 非常災害時の対応計画（管轄消防署へ届け出た消防計画（風水害、地震対策含む）又はこれに準ずる計画）
- [ ] 運営規程
- [ ] 避難・救出等訓練の実施状況がわかるもの
- [ ] 通報、連絡体制がわかるもの

15 介護現場の生産性の向上

【標準確認項目】
- [ ] 利用者の安全並びに介護サービスの質の確保及び職員の負担軽減に資する方策を検討するための委員会を定期的に開催しているか

【標準確認文書】
- [ ] 生産性向上のための委員会の開催状況がわかるもの

※3年間の経過措置が設けられており、令和9年3月31日までは努力義務

➡「3 小規模多機能型居宅介護　運営基準」(8)　1 介護現場の生産性の向上 61 頁を参照

14 非常災害対策

- 防災マニュアルを作成し、定期的に職員研修で用います。年2回は利用者参加のもとで避難訓練を実施し、そのうち1回は夜間を想定した訓練を実施し、記録をします。
- 非常災害に際して必要な具体的計画の策定、関係機関への通報と連携体制の整備を行います。具体的計画とは、消防法施行規則第3条に規定される消防計画（これに準ずる計画を含む）と風水害、地震等の災害に対処するための計画を指し、関係機関への通報と連携体制の整備とは、火災等の災害時に、地域の消防機関へ速やかに通報する体制をとるよう従業員に周知徹底すると共に、日頃から消防団や地域住民との連携を図り、火災等の際に消火・避難等に協力してもらえるような体制作りのことを指します。

16 衛生管理等

【標準確認項目】
- ☐ 感染症が発生し又はまん延しないよう次の措置を講じているか
  - ☐ 感染症の予防及びまん延の防止のための対策を検討する委員会開催（おおむね6月に1回以上）、その結果の周知
  - ☐ 感染症の予防及びまん延の防止のための指針の整備
  - ☐ 感染症の予防及びまん延の防止のための研修及び訓練の定期実施

【標準確認文書】
- ☐ 感染症の予防及びまん延の防止のための対策を検討する委員会の開催状況・結果がわかるもの
- ☐ 感染症の予防及びまん延の防止のための指針
- ☐ 感染症の予防及びまん延の防止のための研修及び訓練の実施状況・結果がわかるもの

17 秘密保持等

【標準確認項目】
- ☐ 個人情報の利用に当たり、利用者（利用者の情報）及び家族（利用者家族の情報）から同意を得ているか
- ☐ 退職者を含む、従業者が利用者の秘密を保持することを誓約しているか

【標準確認文書】
- ☐ 個人情報の利用のための同意書
- ☐ 従業者の秘密保持誓約書

16 衛生管理等

- 感染症予防のためのマニュアルを作成し、定期的に職員研修を行います。
- 感染症、食中毒の予防、まん延の防止のための対策を検討する委員会（感染対策委員会）をおおむね6ケ月に1回以上開催すると共に、その結果について、介護職員その他の従業者に周知徹底します。
  - ➡「解説　感染症の予防及びまん延の防止のための措置」44頁を参照

17 秘密保持等

- 指定を受けて介護サービスを提供する事業者及び職員には守秘義務があります。**業務上知り得た個人情報は、他に漏らすことは許されません。**課題分析情報等を通じて利用者の有する問題点や解決すべき課題等の個人情報を、サービス担当者会議などで介護支援専門員や他のサービスの担当者、医療関係者などと共有するためには、あらかじめ文書により利用者又は家族から同意を得る必要があります。家族の個人情報も共有する場合は、利用者本人の同意だけではなく、家族の代表者の同意も必要とされます。代理人欄を家族が記載するので家族欄は不要ではないかとの質問もいただきますが、**代理人はあくまでも利用者本人の代理ですので、家族の同意にはなりません。**代理人が同意する場合は、代理人がまず本人欄を代筆して、代理人欄に代理人自身の記載をするのが正しい記載方法です。
- 前述の通り、職員には業務上で知り得た利用者の個人情報を他に漏らしてはならない守秘義務があります。職員の雇用時と退職時に、そのことを誓約する誓約書を得ておきます。
  - ➡「3 小規模多機能型居宅介護　運営基準」(2) 個人情報の保護、秘密保持23頁を参照

18 広告

【標準確認項目】
- ☐ 広告は虚偽又は誇大となっていないか

【標準確認文書】
- ☐ パンフレット／チラシ
- ☐ ウェブ広告

19 苦情処理

【標準確認項目】
- ☐ 苦情受付の窓口を設置するなど、必要な措置を講じているか
- ☐ 苦情を受け付けた場合、内容等を記録、保管しているか

【標準確認文書】
- ☐ 苦情の受付簿
- ☐ 苦情への対応記録

20 地域との連携等

【標準確認項目】
- ☐ 運営推進会議をおおむね2ケ月に1回以上開催しているか
- ☐ 運営推進会議において、活動状況の報告を行い、評価を受けているか
- ☐ 運営推進会議であがった要望や助言が記録されているか
- ☐ 運営推進会議の会議録が公表されているか

【標準確認文書】
- ☐ 運営推進会議の記録

18 広告

- チラシやパンフレット、ウェブ広告などは、過大広告や表現に注意が必要です。利用者の顔などが映り込んでいる写真などを掲載する場合は、本人又は家族の同意が必要となります。
- リハビリテーションなどを提供する場合、チラシ等に「治る」などの表現を用いることは医療法にも関係し、適切ではありません。

19 苦情処理

- 重要事項説明書への苦情窓口の記載は、所轄の市町村、国保連、自事業所の3ケ所の記載が必要です。苦情の記録簿も、ささいなことであっても漏らさずに記載して保管します。

20 地域との連携等

- 地域密着型サービスは、定期的な運営推進会議の開催が義務となります。これを開催しない場合、運営基準違反で行政処分の対象となります。運営推進会議の開催は、2ケ月に1回以上の開催となります。
  → 「3 小規模多機能型居宅介護　運営基準」(7) 1 運営推進会議の開催57頁を参照

21 事故発生時の対応

【標準確認項目】
- 市町村、利用者家族、居宅介護支援事業者等に連絡しているか
- 事故状況、事故に際してとった処置が記録されているか
- 損害賠償すべき事故が発生した場合に、速やかに賠償を行っているか

【標準確認文書】
- 市町村、利用者家族、居宅介護支援事業者等への連絡状況がわかるもの
- 事故に際してとった処置の記録
- 損害賠償の実施状況がわかるもの

22 虐待の防止

【標準確認項目】
- 虐待の発生又はその再発を防止するため次の措置を講じているか
  - 虐待の防止のための対策を検討する委員会の定期開催及びその結果の介護職員その他の従業者への周知
  - 虐待の防止のための指針の整備
  - 虐待の防止のための研修の定期実施
- 上記の措置を適切に実施するための担当者を置いているか

【標準確認文書】
- 虐待の防止のための対策を検討する委員会の開催状況及び結果がわかるもの
- 虐待の防止のための指針
- 虐待の防止のための研修の計画及び実績がわかるもの
- 担当者を置いていることがわかるもの

21 事故発生時の対応

- 事故記録、ヒヤリハットシートは適時作成して、職員研修等に用いて情報共有し、再発防止を図る必要があります。運営指導では、その研修記録等が確認されます。また、利用者がケガによって医療機関に行った場合などは、速やかに所轄の市町村に事故報告書を提出します。

　➡「3 小規模多機能型居宅介護　運営基準」(3) ⑩ 事故発生時の対応 32頁を参照

22 虐待の防止

- 虐待の発生・再発を防止するための委員会の開催、指針の整備、研修の実施、担当者を定めることが義務づけられています。研修・訓練には、全従業者が参加できるようにすることが望ましいとされています。
- 委員会は、虐待等の発生の防止・早期発見に加えて、虐待等が発生した場合は再発防止策を検討する管理者を含めた幅広い職種で構成し、定期的に開催することが必要です。

　➡「解説　高齢者の虐待の発生等を防止する措置」42頁を参照

23 協力医療機関との連携体制の構築

- ☐ 協力医療機関を定め、利用者の病状の急変等に備えているか
- ☐ 以下の要件を満たす協力医療機関を定めておくよう努めているか
    - ☐ 利用者の病状が急変した場合に医師又は看護職員が相談対応を行う体制を常時確保している
    - ☐ 診療の求めがあった場合において診療を行う体制を、常時確保している
- ☐ 1年に1回以上、利用者の病状が急変した場合等の対応を確認しているか
- ☐ 1年に1回以上、協力医療機関等を市町村長に届け出ているか
- ☐ 利用者が協力医療機関等に入院した後、退院が可能となった場合には再び入居させることができるように努めているか
- ☐ 協力歯科医療機関を定めておくよう努めているか

24 新興感染症発生時等の対応を行う医療機関との連携

- ☐ 感染者の診療等を行う第2種協定締結医療機関と連携し、新興感染症発生時における対応を取り決めるよう努めているか

23 協力医療機関との連携体制の構築

- 協力医療機関を定める場合は、以下の要件を満たす協力医療機関を選定することが努力義務となります。
    - a 利用者の病状の急変が生じた場合等において、医師又は看護職員が相談対応を行う体制を常時確保している
    - b 診療の求めがあった場合に、診療を行う体制を常時確保している

  すなわち、夜間休日においても、相談や診察ができる 24 時間体制の病院を協力病院とすることを求めています。この要件は、創設された協力医療機関連携加算の算定要件にもなっています。

  ただし、複数の医療機関を協力医療機関として定めることによりこれらの要件を満たすこととしても差し支えありません。

- 協力医療機関の名称や契約に変更があった場合には、速やかに指定権者に届け出る必要があります。
- 連携する医療機関は、地方厚生局ホームページの一覧のうち「受理番号」の欄に下記の受理番号がある医療機関が該当する医療機関となります。

在宅療養支援病院	(支援病1)、(支援病2)、(支援病3)
在宅療養支援診療所	(支援診1)、(支援診2)、(支援診3)
在宅療養後方支援病院	(在後病)
地域包括ケア病棟入院料 (地域包括ケア入院医療管理料)	(地包ケア1)、(地包ケア2)、(地包ケア3)、(地包ケア4)

※地域包括ケア病棟については、相談対応や診療を行う医療機関として、特に 200 床未満（主に地包ケア1及び3）の医療機関が連携の対象として想定されます。
※令和6年度診療報酬改定で新設される「地域包括医療病棟」は、地域の救急患者等を受け入れる病棟であり、高齢者施設等が平時から連携する対象としては想定されませんので、ご留意ください。

24 新興感染症発生時等の対応を行う医療機関との連携

- 利用者における新興感染症の発生時等に、感染者の診療等を迅速に対応できる体制を平時から構築しておくために、感染者の診療等を行う第2種協定締結医療機関と連携して、新興感染症発生時における対応を取り決めるよう努めなければなりません。
- 協力医療機関が第2種協定締結医療機関である場合には、協力医療機関との間で、新興感染症の発生時等の対応について協議を行うことが義務づけられています。
    → 上記「23 協力医療機関との連携体制の構築」を参照

25 情報公表制度への経営情報の掲載

- □ 経営情報公表の対象事業所・施設であるか
- □ 公表する事項はすべてそろっているか
- □ 会計年度終了後3ケ月以内に提出しているか

➡「3 小規模多機能型居宅介護　運営基準」53頁を参照

26 外部評価に係る運営推進会議の活用

- □ 第三者による外部評価を受けているか

26　外部評価に係る運営推進会議の活用

- ●「第三者による外部評価」については、運営推進会議と既存の外部評価による評価のいずれかから「第三者による外部評価」を受けることになります。

第 2 章

介護報酬の算定要件

―報酬返還にならないために―

1 小規模多機能型居宅介護

(1) 小規模多機能型居宅介護費

　小規模多機能型居宅介護費は、登録者の居住建物により区分されており、同一建物に居住する登録者とそれ以外で別の報酬費が設定されています。
　また、短期利用を行う場合の報酬である短期利用居宅介護費があります。
　それぞれ、登録者の要介護度に応じた報酬費が設定されています。

○小規模多機能型居宅介護費

	イ　小規模多機能型居宅介護費（1月につき）	
	(1) 同一建物の居住者以外	(2) 同一建物の居住者
要介護1	10,458 単位	9,423 単位
要介護2	15,370 単位	13,849 単位
要介護3	22,359 単位	20,144 単位
要介護4	24,677 単位	22,233 単位
要介護5	27,209 単位	24,516 単位

○短期利用居宅介護費

	ロ　短期利用居宅介護費（1日につき）
要介護1	572 単位
要介護2	640 単位
要介護3	709 単位
要介護4	777 単位
要介護5	843 単位

1 小規模多機能型居宅介護

〈チェック事項〉

1 小規模多機能型居宅介護費

- ☐ 登録者の要介護状態区分に応じて、登録期間1月につき、それぞれ所定単位数を算定しているか
- ☐ 月の途中から登録した場合又は月途中で登録を終了した場合には、登録していた期間に対応した単位数を算定しているか
- ☐ 登録者が短期入所や居住系サービスを利用中に算定していないか
- ☐ 他の事業所で小規模多機能型居宅介護サービスを受けていないか

1 小規模多機能型居宅介護費

- 小規模多機能型居宅介護支援費は月額包括報酬です。登録者について、要介護区分に応じて、登録している期間1月につき、それぞれ所定単位数を算定します。
- 月途中から登録した場合又は月途中で登録を終了した場合は、登録していた期間※に対応した単位数を日割りで算定します。

  ※登録日からその月の末日まで又はその月の初日から登録終了日まで
  登録日＝通い・訪問・宿泊いずれかのサービスを実際に利用開始した日（利用契約を結んだ日ではない）
  登録終了日＝利用者が利用契約を終了した日

- 月途中で事業所と同一建物に転居した場合又は月途中から事業所と同一建物から同一建物ではない建物に転居した場合には、居住していた期間に対応した単位数を日割りで算定します。
- 登録者が次のサービスを利用している間は算定できません。
  - a （介護予防）短期入所生活介護／短期入所療養介護
  - b （介護予防）特定施設入居者生活介護
  - c （介護予防）認知症対応型共同生活介護
  - d 地域密着型特定施設入居者生活介護
  - e 地域密着型介護老人福祉施設入所者生活介護
  - f 複合型サービス（看護小規模多機能型居宅介護）
- 他の事業所で小規模多機能型居宅介護を利用している場合は、小規模多機能型

居宅介護費は算定できません。利用者が登録できる小規模多機能型居宅介護事業所は1ヶ所のみで、複数の事業所の利用は認められていないためです。

> **2 同一建物の居住者（小規模多機能型居宅介護費）**
> ☐ 同一建物に居住する登録者については、同一建物居住者に対応する区分の所定単位数を算定しているか
> ☐ 区分支給限度額の計算は、同一建物の居住者以外の居住者の基本報酬で積み上げているか

2 同一建物の居住者（小規模多機能型居宅介護費）

- 「同一建物」とは、事業所と構造上・外形上、一体的な建築物※を指します。具体的には、建物の1階部分に事業所がある場合や、その建物と渡り廊下等でつながっている場合が該当します。
  ※建築物は養護老人ホーム、軽費老人ホーム、有料老人ホーム、サービス付き高齢者向け住宅に限る。
- 同一敷地内にあっても完全に別棟になっている建築物や道路を挟んで隣接する場合は該当しません。
- 同一建物は、その建築物の管理、運営法人が事業所の事業者と異なる場合であっても該当します。
- 区分支給限度額の計算では、同一建物の居住者であっても、同一建物に居住する者以外の居住者の基本報酬を用いて計算します。

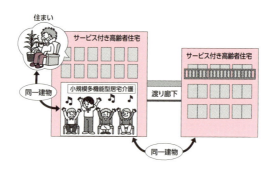

3 短期利用居宅介護費

□ 次のいずれにも該当しているか
- a 事業所の登録者数が登録定員未満である
- b 事業所の介護支援専門員が、緊急に利用することが必要と認めており、かつ、他の登録者へのサービス提供に支障がない
- c 利用開始に当たって、あらかじめ7日以内の利用期間を定めている
 （やむを得ない事情がある場合は14日以内）
- d 人員基準を満たしている
- e 過少サービスに対する減算を算定していない

□ 短期利用に使う宿泊室数は正しいか

3 短期利用居宅介護費

- 短期利用は、緊急に利用が必要な登録者以外の人が短期間利用するものです。
- 事業所の介護支援専門員が、利用者の状態や利用者の家族等の事情により、緊急に利用することが必要であると認めた場合に限られます。
- 利用期間は7日以内ですが、利用者の介護をしている家族が病気の場合など、やむを得ない事情があれば最大14日まで利用が可能です。
- 算定する事業所は、人員基準を満たしている必要があります。
 ➡ 第1章「1　人員基準」2頁を参照
- 事業所が過少サービスに対する減算の対象である場合は算定できません。
 ➡ 「1 (4) 過少サービスに対する減算」102頁を参照

(2) 定員超過利用減算

利用者が事業所の登録定員を上回る場合（いわゆる定員超過利用）は、すべての利用者の介護報酬から30％の減額となり、非常に大きな減算です。

〈チェック事項〉

1 減算になる場合

月平均の利用者が登録定員を超える場合
　➡次の計算式の値が、運営規程に定める登録定員数を超えている場合
　１ケ月（暦月）の全利用者の延数÷１ケ月の日数

※小数点以下を切り上げ

> **ポイント** 過疎地域の特例によって減算とならない場合とは
>
> 　過疎地域等において、地域の実情によって事業所の効率的運営に必要であると市町村が認めた場合には、人員・設備基準を満たすことを条件として、登録定員を超過した場合の減算を一定の期間行わないことが可能となっています。
> 　一定の期間とは、市町村が登録定員の超過を認めた時から介護保険事業計画期間終了までの最大３年間を基本とします。また、介護保険事業計画の見直しごとに、市町村が将来のサービス需要の見込みをふまえて改めて検討して、代替サービスを新規整備するよりも既存の事業所を活用した方が効率的であると認めた場合に限って、次の介護保険事業計画期間の終期まで延長が可能となっています。

1 減算になる場合

- 減算を判定する際の「登録者数」は、1ケ月間（暦月）の登録者数の「平均」でカウントします。平均は左の計算式で求めます。
- 定員超過利用になった場合は、その翌月から定員超過利用が解消される月まで、登録者等の全員の所定単位数が減算となります。定員超過利用が解消された場合は、解消された月の翌月から通常の所定単位数になります。
- 被災者を受け入れた場合など、やむを得ない理由での定員超過利用であれば、定員超過になった月の翌月から所定単位数の減算とはなりません。しかし、やむを得ない理由がないにもかかわらず翌々月まで定員を超過した状態が継続している場合に、災害等が生じた月の翌々月から減算の対象になります。
- 定員超過利用について市町村から指導されたにもかかわらず、指導に従わず、定員超過利用が2ケ月以上続く場合は、指定の取消しが検討されます。

> **ポイント　定員超過の例外　やむを得ない場合は一時的であれば受入れ可能**
>
> 　登録定員・利用定員の超過利用は禁止されていますが、利用者の容態や希望等により特に必要と認められる場合は、一時的に通い・宿泊サービスの利用定員を超えることはやむを得ないとされています。
>
> 【特に必要と認める場合の一例】
> - 登録者の介護者が急病のため、急遽、事業所において通いサービスを提供したことにより、登録者が利用した時間帯で定員超過になった場合
> - 事業所において看取りを希望する登録者に宿泊室でサービスを提供したことにより、通いサービスの提供時間帯において定員超過となった場合
> - 登録者全員を集めて催しを兼ねたサービスを提供するため、通いサービスの利用者について定員超過となる場合

(3) 人員基準欠如減算

事業所の職員の配置数が、人員基準を満たしていない場合（いわゆる人員基準欠如）は、所定単位数の30％が減額されます。

〈チェック事項〉

> **1 減算になる場合**
>
> ☐ 介護従業者（通い・訪問）
>   ・人員基準上必要な員数から1割を超えて減少した場合
>   ➡ その翌月から人員基準欠如が解消される月まで減算
>   ・人員基準上必要な員数から1割の範囲内で減少した場合
>   ➡ その翌々月から人員基準欠如が解消される月まで減算
>   （翌月の末日において人員基準を満たす場合は除く）
> ☐ 看護師又は准看護師、介護支援専門員、研修修了者（サテライト型）※
>   ※サテライト型事業所の小規模多機能型サービス等計画作成担当者研修修了者
>   ・人員基準上必要な員数を満たしていない場合
>   ➡ その翌々月から人員基準欠如が解消される月まで減算
>   （翌月の末日において人員基準を満たす場合は除く）
> ☐ 夜間・深夜の勤務又は宿直勤務を行う職員、訪問サービスの提供に当たる介護従業者（サテライト型）
>   ・次の **a・b** いずれかに該当する場合
>   ➡ その翌月において減算
>   **a** 暦月において、人員基準を満たしていない日が2日以上連続して発生
>   **b** 暦月において、人員基準を満たしていない日が4日以上発生

1 減算になる場合

- 人員基準欠如減算は、人員基準上に必要な員数を満たしていない場合に、利用者等の全員について所定単位数の30％が減算されるものです。
  → 第1章「1 人員基準」2頁を参照
- サテライト型小規模多機能型居宅介護事業所の小規模多機能型サービス等計画作成担当者研修修了者の人員基準欠如については、看護師又は准看護師や介護支援専門員と同じ取扱いとなります。
- 著しい人員基準欠如が継続する場合には、市町村長より職員の増員や利用定員等の見直し、事業の休止等を指導されることになります。その指導に従わない場合には、指定の取消しが検討されます。

介護支援専門員の突然の離職等の場合、新たに配置した介護支援専門員の研修未受講に注意！新たな計画作成担当者が研修に申し込み、確実に修了することが見込まれる場合には、減算の対象とはなりません。

(4) 過少サービスに対する減算

　通いサービス、訪問サービス、宿泊サービスの提供回数について、一定の基準に満たない場合は、30％の減算となります。

〈チェック事項〉

1 減算になる場合

□ 算定月における通いサービス、訪問サービス、宿泊サービスの提供回数が、登録者1人当たり平均回数が週4回に満たない場合
※短期利用居宅介護費を算定する利用者を除く

1 減算になる場合

- 「登録者1人当たり平均回数」は、次の計算式で求めます。

〈計算式〉
　サービス提供回数の合計数÷(当該月の日数×事業所の登録者数)×7

- 「サービス提供回数の合計数」は、通いサービス・訪問サービス・宿泊サービスの合計になりますが、各サービスの提供回数のカウント方法は次の通りです。

  a　通いサービス
  ・1回の通いサービス利用を1回のサービス提供としてカウントします。
  ・1人の登録者が1日に複数回通いサービスを利用する場合は、複数回カウントできます。

  b　訪問サービス
  ・1回の訪問を1回のサービス提供としてカウントします。
  ・身体介護に限らず、登録者宅を訪問して見守りの意味で声かけ等を行った場合でも、訪問サービスの回数に含めることができます。

  c　宿泊サービス
  ・1泊を1回としてカウントします。
  ・ただし、通いサービスに引き続いて宿泊サービスを行う場合は、それぞれを1回とし、計2回とします。

- 同じ事業所で介護予防小規模多機能型居宅介護を一体的に運営している場合は、両事業のサービス提供回数・登録者数を合算して計算します。
- 登録者が月の途中で利用を開始・終了した場合は、利用開始日の前日以前又は利用終了日の翌日以降の日数については、日数の計算の際に控除します。登録者が入院した場合の入院日(入院初日と退院日は除く)も同様です。

(5) 特別地域小規模多機能型居宅介護加算

　特別地域小規模多機能型居宅介護加算は、離島やへき地などにある小規模多機能型居宅介護事業所に対して、所定単位数の15％を加算するものです。

〈チェック事項〉

> **1 特別地域小規模多機能型居宅介護加算のポイント**
>
> □ 厚生労働大臣の定める地域に該当しているか
> □ 該当地域は事業所の所在地で判断しているか
> □ この加算を支給限度額管理の対象外としているか

1 特別地域小規模多機能型居宅介護加算のポイント

● 離島やへき地に所在する小規模多機能型居宅介護事業所が算定対象であり、厚生労働大臣の定める地域とは、次のいずれかに該当する地域となります。事業所のある地域が該当するかは、保険者に確認してください。

- a　離島振興対策実施地域
- b　奄美群島
- c　振興山村
- d　小笠原諸島
- e　沖縄の離島
- f　次の地域のうち、厚生労働大臣が別に定めるもの
  ・豪雪地帯及び特別豪雪地帯、辺地、過疎地域、その他の地域

● 利用者の住居地ではなく、事業所の所在地により加算の有無を判断します。利用者の居住地は問いません。

● この加算は、支給限度額管理の対象外であるため、支給限度額の計算には含めないでください。

特別地域小規模多機能型居宅介護加算／中山間地域等における小規模事業所加算

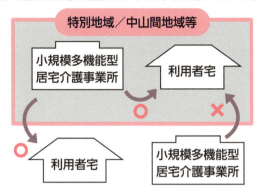

(6) 中山間地域等における小規模事業所加算

　中山間地域等における小規模事業所加算は、中山間地域等に所在する小規模事業所に対して、所定単位数の10%を加算するものです。

〈チェック事項〉

> **1 中山間地域等**
>
> □ 厚生労働大臣の定める中山間地域等に該当しているか

1 中山間地域等

- 厚生労働大臣が定める中山間地域等とは、次のいずれかに該当する地域になります。中山間地域等に該当するかは、保険者に確認してください。
    a 豪雪地帯及び特別豪雪地帯
    b 辺地
    c 半島振興対策実施地域
    d 特定農山村地域
    e 過疎地域

(7) 中山間地域等に居住する者へのサービス提供加算

　中山間地域等に居住する登録者等に対して、通常の事業の実施地域を越えて、小規模多機能型居宅介護を行った場合に、1月につき所定単位の5％を加算します。

〈チェック事項〉

1 中山間地域等

☐ 登録者等の居住地は厚生労働大臣が定める中山間地域等に該当しているか

2 通常の事業の実施地域

☐ 運営規程に定める「通常の事業の実施地域」の範囲外でのサービス提供か

3 交通費の取扱い

☐ 加算を算定した場合に、交通費を請求していないか

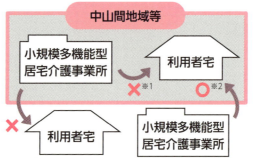

中山間地域等に居住する者へのサービス提供加算

※1 ただし、通常の事業の実施地域を越えている場合は〇
※2 通常の事業の実施地域を越えている場合

1 中山間地域等

- 厚生労働大臣が定める次の地域に居住する登録者等にサービスを提供した場合に加算が算定できます。
    - a 離島振興対策実施地域（離島振興法の指定）
    - b 奄美群島（奄美群島振興開発特別措置法に規定）
    - c 振興山村（山村振興法の指定）
    - d 小笠原諸島（小笠原諸島振興開発特別措置法に規定）
    - e 離島（沖縄振興特別措置法に規定）
    - f 豪雪地帯及び特別豪雪地帯（豪雪地帯対策特別措置法の指定）
    - g 辺地（辺地に係る公共的施設の総合整備のための財政上の特別措置等に関する法律に規定）
    - h 半島振興対策実施地域（半島振興法の指定）
    - i 特定農山村地域（特定農山村地域における農林業等の活性化のための基盤整備の促進に関する法律に規定）
    - j 過疎地域（過疎地域の持続的発展の支援に関する特別措置法の規定により公示）
- **サービスを提供する事業所の所在地には制限はありません。**どこの事業所でも算定可能です。

2 通常の事業の実施地域

- 運営規程に定めている「通常の事業の実施地域」の範囲内であれば、上記の中山間地域等に居住する登録者等にサービスを提供しても、加算は算定できません。

3 交通費の取扱い

- 本加算を算定する場合は、**登録者等から交通費（高速道路料金、有料駐車場料金も含む）を別途請求することはできません。**

(8) 認知症加算

　日常生活における支援や生活状況の把握、サービスの調整などに労力を要する認知症の登録者に対する支援についての取組みを評価する加算です。

認知症加算（Ⅰ）	1月につき 920 単位を加算
認知症加算（Ⅱ）	1月につき 890 単位を加算
認知症加算（Ⅲ）	1月につき 760 単位を加算
認知症加算（Ⅳ）	1月につき 460 単位を加算

〈チェック事項〉

1 認知症加算（Ⅰ）

- ☐ 対象者は、日常生活に支障を来すおそれのある症状・行動が認められ介護を必要とする認知症の者（認知症日常生活自立度Ⅲ以上）か
- ☐ 認知症介護実践リーダー研修等修了者を次の基準で配置し、チームとして専門的な認知症ケアを実施したか
  - a 対象者が 20 人未満：1 人以上
  - b 対象者が 20 人以上：1 人に対象者が 19 を超えて 10 又は端数を増すごとに 1 を加えた数以上
- ☐ 事業所の従業者に対して、認知症ケアに関する留意事項の伝達又は技術的指導に係る会議を定期的に開催しているか
- ☐ 認知症介護指導者研修修了者を 1 人以上配置し、事業所全体の認知症ケアの指導等を実施しているか
- ☐ 介護職員、看護職員ごとの認知症ケアに関する研修計画を作成し、実施又は実施を予定しているか

2 認知症加算（Ⅱ）

- □ 対象者は、日常生活に支障を来すおそれのある症状・行動が認められ介護を必要とする認知症の者（認知症日常生活自立度Ⅲ以上）か
- □ 認知症介護実践リーダー研修等修了者を次の基準で配置し、チームとして専門的な認知症ケアを実施したか
  - a 対象者が20人未満：1人以上
  - b 対象者が20人以上：1人に対象者が19を超えて10又は端数を増すごとに1を加えた数以上
- □ 事業所の従業者に対して、認知症ケアに関する留意事項の伝達又は技術的指導に係る会議を定期的に開催しているか

3 認知症加算（Ⅲ）

- □ 対象者は、日常生活に支障を来すおそれのある症状・行動が認められ介護を必要とする認知症の者（認知症日常生活自立度Ⅲ以上）か

4 認知症加算（Ⅳ）

- □ 対象者は、次のいずれにも該当するか
  - a 要介護2
  - b 周囲の者による日常生活に対する注意を必要とする認知症の者（認知症日常生活自立度Ⅱ）

1 認知症加算（Ⅰ）～ 2 認知症加算（Ⅱ）

- 対象者は、認知症日常生活自立度の**ランクⅢ、Ⅳ、Mに該当する**認知症の登録者になります。
  ➡「参考　認知症高齢者の日常生活自立度判定基準」213頁を参照
- 専門的な研修を修了した者の配置は、常勤等の条件はありませんが、認知症チームケアや認知症介護に関する研修の実施など、算定要件を満たすためには事業所内での業務を実施する必要があるために、加算対象事業所の職員であることが必要です。なお、加算対象となる事業所は、専門的な研修を修了した者の勤務する主たる事業所1ケ所のみとなります。
- 認知症加算（Ⅰ）の認知症介護指導者研修修了者は、適切に事業所全体の認知症ケアの実施等を行っている場合であれば、その者の職務や資格等については問いません。
- 加算対象となる者が20人未満の場合は、平成20年度以前の認知症介護指導者養成研修を修了した者（認知症介護実践リーダー研修の未受講者）1人の配置で算定できます。これは、平成20年度までに行われた認知症介護指導者養成研修カリキュラムでは認知症介護実践リーダー研修の内容がすべて含まれていたため、認知症介護実践リーダー研修が未受講であっても研修を修了したものとみなすためです。
- 「技術的指導に係る会議」と、サービス提供体制強化加算などにおける「事業所における従業者の技術指導を目的とした会議」が同時期に開催される場合に、会議の議題のひとつに認知症ケアの技術的指導があった場合、また当該会議にすべての訪問介護員等やすべての従業者が参加した場合、両方の会議を開催したものと認められます。

3 認知症加算（Ⅲ）

- 対象者は、認知症日常生活自立度の**ランクⅢ、Ⅳ、Mに該当する**認知症の登録者になります。

  ➡「参考　認知症高齢者の日常生活自立度判定基準」213頁を参照

4 認知症加算（Ⅳ）

- 対象者は、要介護区分が要介護2であって、かつ認知症日常生活自立度**ランクⅡに該当する**認知症の登録者になります。

ポイント　「認知症高齢者の日常生活自立度」の決定方法について

認知症日常生活自立度[※1]の決定は、次の通りになります。
① 医師の判定結果又は主治医意見書[※2]を用います。複数の判定結果がある場合は、最も新しい判定を用います。
② 上記①の判定結果等は、判定した医師名、判定日と共にケアプラン又は小規模多機能型居宅介護計画書に記載します。
③ 医師の判定がない場合、主治医意見書を用いることに同意が得られない場合は、認定調査票の「認知症高齢者の日常生活自立度」欄の記載を用います。

※1　通知「「認知症高齢者の日常生活自立度判定基準」の活用について」（平成5年10月26日老健第135号）の「認知症高齢者の日常生活自立度」
※2　通知「要介護認定等の実施について」（平成21年9月30日老発0930第5号）に規定する「認定調査票」の「認定調査票（基本調査）」7の「認知症高齢者の日常生活自立度」欄の記載

(9) 看護職員配置加算

人員基準では常勤が要件とされていない看護職員を常勤配置することで、利用者ニーズへの対応を図ることを目的とした加算です。配置する看護職員によって（Ⅰ）～（Ⅲ）の区分があり、単位数も異なります。

看護職員配置加算（Ⅰ）	1月につき900単位を加算
看護職員配置加算（Ⅱ）	1月につき700単位を加算
看護職員配置加算（Ⅲ）	1月につき480単位を加算

〈チェック事項〉

1 看護職員配置加算（Ⅰ）

- □ 小規模多機能型居宅介護事業所の職務に常勤・専従の看護師を1人以上配置しているか
- □ 定員超過利用減算、人員基準欠如減算の基準に該当していないか
- □ 看護職員配置加算（Ⅱ）・（Ⅲ）を算定していないか

2 看護職員配置加算（Ⅱ）

- □ 小規模多機能型居宅介護事業所の職務に常勤・専従の准看護師を1人以上配置しているか
- □ 定員超過利用減算、人員基準欠如減算の基準に該当していないか
- □ 看護職員配置加算（Ⅰ）・（Ⅲ）を算定していないか

3 看護職員配置加算（Ⅲ）

- □ 看護職員（看護師又は准看護師）を常勤換算方法で1人以上配置しているか
- □ 定員超過利用減算、人員基準欠如減算の基準に該当していないか
- □ 看護職員配置加算（Ⅰ）・（Ⅱ）を算定していないか

1 看護職員配置加算（Ⅰ）〜 3 看護職員配置加算（Ⅲ）

- 人員基準上では看護職員について特に常勤や専従の要件はありませんが、本加算を算定する場合は、看護職員配置加算（Ⅰ）は常勤・専従の看護師を1人以上、看護職員配置加算（Ⅱ）は常勤・専従の准看護師を1人以上、看護職員配置加算（Ⅲ）は看護職員を常勤換算方法で1人以上配置していることが要件になります。
    → 第1章「1　人員基準」2頁を参照
- いずれの区分も、定員超過利用減算、人員基準欠如減算の基準に該当していないことが条件です。
    → 「1（2）定員超過利用減算」98頁、「1（3）人員基準欠如減算」100頁を参照
- 看護職員配置加算（Ⅰ）〜（Ⅲ）は重複して算定できません。例えば、看護職員配置加算（Ⅰ）を算定している場合は、（Ⅱ）（Ⅲ）は算定できません。

看護職員配置加算に必要な配置

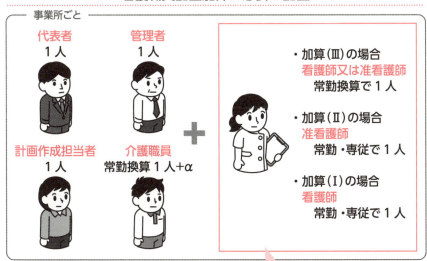

(10) 看取り連携体制加算

　終末期の登録者に対するサービス提供を強化して看取りに対応し、登録者が死亡した場合に、算定する加算です。1日につき 64 単位を算定します。

〈チェック事項〉

1 基本事項

- □ 対象者について、医師が回復の見込みがないと診断しているか
- □ 死亡日及び死亡日以前 30 日以下で算定しているか
- □ 看護職員配置加算（Ⅰ）を算定しているか

2 看取りの体制

- □ 看護師により 24 時間連絡できる体制を確保しているか
- □ 看取り期における対応方針を定めているか
- □ 介護記録等を作成し、多職種連携のための情報提供を実施しているか

3 登録者・家族の同意

- □ 看取り期における対応方針について、登録者又は家族に説明し、同意を得ているか
- □ 登録者の状態又は家族の求めに応じて、具体的なサービスについて説明し、同意を得た上でサービスを提供しているか
- □ 入院先との連携や情報提供について、登録者又は家族の同意を得ているか
- □ 登録終了月と死亡月が異なる場合の一部負担金の発生について、登録者又は家族に説明して同意を得ているか

1 基本事項

- 対象となる登録者は、医師が一般に認められている医学的知見に基づき、回復の見込みがないと診断した者である必要があります。
- 自宅で介護を受ける場合、事業所で介護を受ける場合、いずれも算定可能です。
- 死亡前に医療機関に入院して入院先で死亡した場合でも算定は可能ですが、入院の翌日から死亡日までの間（サービスを直接提供していない日）は算定不可になります。したがって、その期間が30日以上あった場合は算定できません。
- 医療機関へ入院した月と死亡した月が異なる場合でも算定は可能ですが、登録終了後に自己負担を請求する場合があるので、その旨の同意が必要です（「3 登録者・家族の同意」（116頁）参照）。
- 看護職員配置加算（Ⅰ）を算定していない場合は、本加算は算定できません。

2 看取りの体制

- 看護師により24時間連絡できる体制を確保している必要があります。事業所内での勤務は必要ありませんが、夜間も事業所から連絡ができ、必要な場合には事業所からの**緊急の呼び出しに応じて出勤する体制**でなければなりません。
- 事業所は、看取り期における対応方針を定める必要があります。対応方針に記載する内容は、例えば、次のような事項が考えられます。
    - a　事業所における看取り期における対応方針に関する考え方
    - b　医師や医療機関との連携体制（夜間や緊急時の対応を含む）
    - c　登録者等との話し合いにおける同意、意思確認と情報提供の方法
    - d　登録者等への情報提供に供する資料及び同意書等の様式
    - e　その他職員の具体的対応など
- 看取り期においては、次の事項を介護記録等に記録し、多職種連携のための情報共有を行います。
    - a　登録者の身体状況の変化及びこれに対する介護についての記録
    - b　看取り期におけるサービス提供の各プロセスにおいて登録者及び家族の意向を把握し、それに基づくアセスメント及び対応の経過の記録

3 登録者・家族の同意

- 利用開始の際に、登録者又はその家族等に看取り期における対応方針の内容を説明して同意を得ていなければなりません。
- 登録者は、看取り期における対応方針に基づき、登録者の状態又は家族の求め等に応じ、介護職員、看護職員等から介護記録等登録者に関する記録を活用し行われるサービスについての説明を受け、同意した上でサービスを受けている必要があります（登録者の家族等が説明を受け、同意した上でサービスを受ける場合を含む）。
- 登録者本人や家族に随時の説明をしたことに関して、口頭で同意を得た場合は、介護記録に日時、内容、同意を得た旨を記録しておきます。
- 登録者が**入院する際には、入院先の医療機関等から登録者の状態等について情報を提供してもらう**ことについて、登録者本人又は家族に説明し、文書にて同意を得ておくことが必要です。
- 医療機関へ入院した月と死亡した月が異なる場合、本加算は死亡月にまとめて算定することから、登録を終了した翌月も自己負担を請求することになるため、前月分の自己負担を請求する場合があることを登録者又は家族に説明し、文書で同意を得ておくことが必要です。

(11) 訪問体制強化加算

　登録者の居宅における生活を継続するための訪問サービスについて、提供体制を強化した場合に算定することができる加算です。1月につき1,000単位を算定します。

〈チェック事項〉

1 訪問サービスの提供体制等

☐ 訪問サービスを提供する常勤の従業者を2人以上配置しているか
☐ 訪問サービスの内容を記録しているか

2 訪問サービスの提供回数

【同一建物に集合住宅の併設なし】
☐ 算定月の提供回数について、延べ訪問回数が1月当たり200回以上か
【同一建物に集合住宅の併設あり】
☐ 次のいずれにも該当しているか
　・登録者の総数のうち同一建物居住者以外の者※の占める割合が50％以上
　・同一建物居住者以外の者※への延べ訪問回数が1月当たり200回以上
※同一建物居住者以外の者：小規模多機能型居宅介護費イ（1）を算定する者

1 訪問サービスの提供体制等

- 「訪問サービスを提供する常勤の従業者」は、訪問サービスのみを行う従業者として固定する必要はありません。事業所の訪問サービス以外の業務に従事することもできます。
- 本加算を算定する場合は、訪問サービスの内容を記録します。

2 訪問サービスの提供回数

【同一建物に集合住宅の併設なし】

- 訪問サービスの提供回数（＝訪問回数）は、暦月ごとに、「過少サービスに対する減算」と同様の方法に従ってカウントします。具体的には次の通りです。

【訪問サービスの算定方法】
・１回の訪問を１回のサービス提供としてカウントします。
・身体介護に限らず、登録者宅を訪問して見守りの意味で声かけ等を行った場合でも、訪問サービスの回数に含めることができます。

- 介護予防小規模多機能型居宅介護費は算定しないため、介護予防の登録者への訪問サービスは、提供回数に含めません。

【同一建物に集合住宅の併設あり】

- 同一建物に併設する集合住宅は、養護老人ホーム、軽費老人ホーム、有料老人ホーム、サービス付き高齢者向け住宅で登録を受けたものに限ります。
- 同一建物居住者以外の者とは、「小規模多機能型居宅介護費イ（１）」を算定している登録者です。
  ➡「１（１）小規模多機能型居宅介護費」94頁を参照
- 各月の前月の月末時点で、登録者の総数のうち同一建物居住者以外の者の占める割合が50％以上である必要があります。

（12）総合マネジメント体制強化加算

多職種が日常的に行う連携、地域との連携や交流等の取組み、計画の見直しの業務を評価する加算です。

総合マネジメント体制強化加算（Ⅰ）	1月につき 1,200 単位
総合マネジメント体制強化加算（Ⅱ）	1月につき 800 単位

〈チェック事項〉

1 総合マネジメント体制強化加算（Ⅰ）

☐ 登録者の状況等に応じて随時、計画を見直しているか
☐ 計画の見直しを多職種で共同して行っているか
☐ 日常的に地域住民等との交流を図り、地域の行事や活動等に積極的に参加しているか
☐ 日常的に利用者と関わりのある地域住民等の相談に対応する体制を確保しているか
☐ 必要に応じ、多様な生活支援のサービス（インフォーマルサービスを含む）が提供されるようなケアプランを作成しているか
☐ 次のいずれかに適合しているか
　a 地域住民等との連携により、地域資源を効果的に活用し、利用者の状態に応じた支援を行っている
　b 障害福祉サービス事業所、児童福祉施設等と協働し、地域において世代間の交流の場の拠点となっている
　c 地域住民等、他事業所等と共同で事例検討会、研修会等を実施している
　d 市町村が実施する通いの場や在宅医療・介護連携推進事業等の地域支援事業等に参加している
☐ 総合マネジメント体制強化加算（Ⅱ）を算定していないか

2 総合マネジメント体制強化加算（Ⅱ）

☐ 登録者の状況等に応じて随時、計画を見直しているか
☐ 計画の見直しを多職種で共同して行っているか
☐ 日常的に地域住民等との交流を図り、地域の行事や活動等に積極的に参加しているか
☐ 総合マネジメント体制強化加算（Ⅰ）を算定していないか

1 総合マネジメント体制強化加算（Ⅰ）

- ケアプランは、登録者の心身の状況や家族等を取り巻く環境の変化に応じて、随時見直す必要があります。その際には、ケアマネジャー、看護師等、介護職員などの関係者が共同して行います。その都度すべての職種が関わらなければならないわけではなく、見直しの内容に応じて、必要な関係者が関わります。計画の見直しに当たっての多職種共同は、必ずしもカンファレンスなどの会議による必要はなく、日常業務の関わりの中で意見を把握し、これに基づいて計画の見直しが行われていれば十分です。
- 地域住民等からの相談への対応は、一定の頻度を定めて行うものではなく、常に地域住民等からの相談を受け付けられる体制をとってください。相談が行われていることの確認は、日々の相談記録等、既存の記録の確認で足ります。
- 多様な生活支援のサービスとは、介護保険サービス以外の保健医療サービス、福祉サービス、地域住民の自発的な活動によるサービス等のことをいいます。
- 地域資源を効果的に活用し、利用者の状態に応じた支援を行うための取組みとは、例えば、利用者となじみの関係にある地域住民・商店等の多様な主体との関わり、利用者の地域における役割、生きがいなどを可視化したものを作成し、事業所の従業者で共有していることをいいます。これらの取組みは一定の頻度を定めて行うものではなく、利用者一人ひとりにとってどのような支援が必要かということについて、地域住民等と連携した上で、常に問題意識をもって取り組むことで、要件を満たします。
- 地域住民等、他事業所等と共同での事例検討会、研修会等の実施とは、他の居宅サービス事業者など複数の主体が事例検討会等に参画することを指しており、市町村等と共同して実施する場合であっても、これらの複数の主体が開催者又は参加者として事例検討会等に参画することが必要です。
- 市町村が実施する通いの場、在宅医療・介護連携推進事業等の地域支援事業等では、介護予防に資する取組み、小規模多機能型居宅介護事業所以外のサービス事業所又は医療機関との連携等を行っていることが必要です。

2 総合マネジメント体制強化加算（Ⅱ）

● チェック事項の要件はすべて総合マネジメント体制強化加算（Ⅰ）と同じです。

> **ポイント ▶ 地域の行事や活動等に積極的に参加する例**
>
> 　地域の行事や活動等に積極的に参加する例としては、次のようなものがあります。
> ・登録者が住み慣れた地域で生活を継続するために、地域における課題を地域住民や市町村等と共に解決する取組み（行政や地域包括支援センターが開催する地域での会議への参加、町内会や自治会の活動への参加、認知症や介護に関する研修の実施など）
> ・登録者が住み慣れた地域との絆を継続するための取組み（登録者となじみがある地域住民や商店等との関わりや地域の行事への参加など）

> **ポイント ▶ 記録が重要！不備による返還にならないために**
>
> 　最近の運営指導において、記録の不備による加算報酬の返還指導が増えています。多職種が計画に関わった記録、地域住民などとの交流の記録が必要です。総合マネジメント体制強化加算は、利用者全員が算定できるものではありません。算定要件を満たした利用者のみが算定対象となります。

1 小規模多機能型居宅介護

代表者による虐待行為

2019年2月　指定の一部効力停止
（利用者の新規受入停止及び介護報酬請求上限8割）6ケ月間

行政処分の理由

　2016年に、当時の代表者が、重度の認知症である利用者に対して、複数回にわたって虐待（性的虐待）を行ったことが認められました。

　「指定地域密着型サービス事業者は、要介護者の人格を尊重するとともに、この法律又はこの法律に基づく命令を遵守し、要介護者のため忠実にその職務を遂行しなければならない」（介護保険法第78条の4第8項）の規定に違反しているとされ、処分がされました。

　また、一体的にサービスを行っていた介護予防認知症対応型共同生活介護の指定においても処分がされました。これは、この虐待事件を準強姦未遂罪として懲役2年6ケ月の有罪判決が確定したことによるものです。

ポイント

▶職員の通報により虐待発覚

　このケースは、勤務する職員が、代表者の行動を不審に思ったことから発覚しました。代表者が虐待を行うというあってはならない事態でしたが、他の職員によって不適切な行為が行われていないかにも十分な注意を払う必要があります。特に**虐待などは見えない場所で行われることも多く**、被害者が認知症などの場合には本人が訴えることもできない場合も多くあります。

▶介護保険法の違反は他事業の指定にも影響します

　一体的に運営されていた介護予防認知症対応型共同生活介護の処分は、介護保険法に違反することが指定の取消しの要件に該当するからです（介護保険法第115条の19第11号）。複数の事業を行っている場合、行政処分となった時には多くの利用者が影響を受けるということにも留意しなければなりません。

2 認知症対応型共同生活介護

(1) 認知症対応型共同生活介護費

　認知症対応型共同生活介護費には、通常の認知症対応型共同生活介護を利用した際に算定する認知症対応型共同生活介護費に加えて、短期利用を行う場合の報酬である短期利用認知症対応型共同生活介護費があります。

　それぞれユニット数で区分が分かれており、利用者の要介護度に応じた報酬が設定されています。

○認知症対応型共同生活介護費

	認知症対応型共同生活介護費（Ⅰ）（1日につき）	認知症対応型共同生活介護費（Ⅱ）（1日につき）
要介護1	765 単位	753 単位
要介護2	801 単位	788 単位
要介護3	824 単位	812 単位
要介護4	841 単位	828 単位
要介護5	859 単位	845 単位

※3ユニットで夜勤を行う職員を2人以上とする場合には（Ⅱ）から50単位を減算

○短期利用認知症対応型共同生活介護費

	短期利用認知症対応型共同生活介護費（Ⅰ）（1日につき）	短期利用認知症対応型共同生活介護費（Ⅱ）（1日につき）
要介護1	793 単位	781 単位
要介護2	829 単位	817 単位
要介護3	854 単位	841 単位
要介護4	870 単位	858 単位
要介護5	887 単位	874 単位

※3ユニットで夜勤を行う職員を2人以上とする場合には（Ⅱ）から50単位を減算

〈チェック事項〉

> **1 認知症対応型共同生活介護費**
>
> ☐ ユニット数は次の通りであるか
>   認知症対応型共同生活介護費（Ⅰ）：ユニット数が1
>   認知症対応型共同生活介護費（Ⅱ）：ユニット数が2以上
> ☐ 人員基準を満たしているか
> ☐ 夜勤を行う介護従業者をユニットごとに1人以上配置しているか

1 認知症対応型共同生活介護費

- 認知症対応型共同生活介護費はユニット数が1か2以上かで区分が分かれており、1ユニットの場合は認知症対応型共同生活介護費（Ⅰ）、2ユニット以上の場合は認知症対応型共同生活介護費（Ⅱ）を算定します。
- 3ユニットの場合で、夜勤を行う職員を2人以上とする時には50単位を減算します（短期利用についても同様）。
  ➡ この場合の要件については第1章「4（1）人員基準」63頁を参照
- 認知症対応型共同生活介護費の算定に当たっては、人員基準を満たしている必要があります。人員基準を満たさない場合には、人員基準欠如減算の対象になります。
  ➡ 人員基準については第1章「4（1）人員基準」63頁を参照
  ➡ 人員基準欠如減算については「2（4）人員基準欠如減算」130頁を参照
- 夜勤を行う介護従業者の数は、ユニットごとに1人以上配置する必要があります。これを満たさない場合は減算になります。
  ➡ 「2（2）夜勤職員の勤務条件を満たさない場合」128頁を参照

2 短期利用認知症対応型共同生活介護費

- [ ] 短期利用認知症対応型共同生活介護費を算定する場合、次のいずれにも該当しているか
  - a ユニット数は次の通りである
    - ・短期利用認知症対応型共同生活介護費（Ⅰ）：ユニット数が1
    - ・短期利用認知症対応型共同生活介護費（Ⅱ）：ユニット数が2以上
  - b 事業者が次の事業の運営について3年以上の経験がある
    居宅サービス、介護予防サービス、（介護予防）地域密着型サービス、居宅介護支援、介護予防支援事業、介護保険施設、介護療養型医療施設
  - c 次のいずれにも該当している（緊急利用の場合を除く）
    - ・ユニットの定員の範囲内で空いている居室等を利用している
    - ・1ユニットにつき、短期利用の利用者は1人としている
  - d あらかじめ30日以内の利用期間を定めている
  - e 認知症介護実践リーダー研修、実践リーダー研修、認知症介護指導者養成研修、認知症介護実務者研修専門課程のいずれかの修了者を配置している
  - f 人員基準を満たしている
- [ ] 夜勤を行う介護従業者をユニットごとに1人以上配置しているか

3 緊急利用の場合（短期利用認知症対応型共同生活介護費）

- [ ] 緊急利用の場合、次のいずれにも該当しているか
  - a 介護支援専門員が、緊急に短期利用が必要と認めている
  - b ケアプランに位置づけられていない短期利用である
  - c 次のいずれにも該当する
    - ・緊急利用の利用者も含めて人員基準を満たしている
    - ・利用者が利用できる個室がある
  - d 利用期間は7日以内としている
    （やむを得ない事情がある場合は14日以内）
  - e 利用者数はユニットごとに1人に限っている

2 短期利用認知症対応型共同生活介護費

- 短期利用認知症対応型共同生活介護費の算定は、事業者がチェック事項の **b** の事業について3年以上の経験があることが前提です。
- 事業所のユニットの定員の範囲内で、**空いている居室等を利用する場合に限り**算定が可能です。ただし、短期利用者の数は1つのユニットにつき1人のみです。
- 利用開始に当たって、あらかじめ30日以内の利用期間を定めます。
- 短期利用を行うに当たっては、認知症介護実践研修の実践リーダー研修又は認知症介護実践リーダー研修、認知症介護指導者養成研修、認知症介護実務者研修の専門課程のいずれかの研修を修了した者を配置する必要があります。

3 緊急利用の場合（短期利用認知症対応型共同生活介護費）

- 短期利用は定員の範囲内での利用が条件ですが、例外として定員を超えての利用が認められる場合があります。この例外措置は、緊急利用の必要がある者のみ認められます。その場合、利用期間は7日が限度ですが、利用者家族の疾病等やむを得ない事情があれば最大14日まで利用が可能です。
- 利用期間を通じて人員基準を満たし、かつ、**利用可能な個室があること**が条件です。人員基準については、短期利用の利用者をユニットの利用者とみなした場合に、必要な人員が配置されている必要があります。
- 個室については、特に面積上の基準はありませんが、利用者を処遇する上で、充分な広さがあることが求められます。また、おおむね1人当たり7.43㎡でプライバシーの確保に配慮した個室的なしつらえがあれば、個室以外も認められます。
- 居室は、利用者の処遇上必要と認められる場合、2人部屋とすることも可能ですが、緊急利用の場合は、**個室（1人部屋）**でなければなりません。
- 定員の合計数を超えて受け入れることができる利用者数は、ユニットごとに1人までです。この場合、定員超過利用による減算の対象になりません。
  → 「2（3）定員超過利用減算」129頁を参照

(2) 夜勤職員の勤務条件を満たさない場合

夜勤職員の配置基準を満たさない場合の減算です。所定単位数の97％で算定します。

〈チェック事項〉

1 減算になる場合

☐ 次のいずれかに該当する場合に減算
- a 夜勤時間帯※に夜勤職員数をユニットごとに1人以上配置していない状態が2日以上連続して発生した場合
  ※午後10時から翌日の午前5時までの時間を含めた連続する16時間。原則として事業所ごとに設定する
- b 夜勤時間帯に夜勤職員数をユニットごとに1人以上配置していない状態が4日以上発生した場合

1 減算になる場合

- 夜勤職員の配置基準においては、夜勤職員はユニットごとに1人以上の配置が義務づけられていますが、この条件を満たさない場合に減算となります。
  → 夜勤職員の配置については、「2（1）認知症対応型共同生活介護費」125頁を参照
- 具体的には、ある月にチェック事項に示すいずれかの事態が発生した場合、その翌月の利用者の全員について所定単位数が減算となります。
- 夜勤職員の不足状態が続く場合には、市町村から職員を確保するように指導されることになりますが、この指導に従わない場合は、指定の取消しが検討されます。

(3) 定員超過利用減算

利用者が事業所の登録定員を上回る場合（いわゆる定員超過利用）は、すべての介護報酬から30％の減額となり、非常に大きな減算です。

〈チェック事項〉

> **1 減算になる場合**
>
> 月平均の利用者数が利用定員を超える場合に減算
> ➡次の計算式の値が、運営規程に定める利用定員数を超えている場合に減算
> 1ケ月（暦月）の全利用者の延数÷1ケ月の日数
>
> ※小数点以下を切り上げ

1 減算になる場合

- 減算を判定する際の「利用者数」は、1ケ月間（暦月）の利用者数の「平均」でカウントします。平均は上の計算式で求めます。
- 定員超過利用になった場合は、その翌月から定員超過利用が解消される月まで、利用者等の全員の所定単位数が減算となります。定員超過利用が解消された場合は、解消された月の翌月から通常の所定単位数になります。
- 被災者を受け入れた場合など、やむを得ない理由での定員超過利用であれば、定員超過になった月の翌月から所定単位数の減算とはなりません。しかし、やむを得ない理由がないにもかかわらず翌々月まで定員を超過した状態が継続している場合に、災害等が生じた月の翌月から減算の対象になります。
- 緊急利用の必要がある人に対して短期利用認知症対応型共同生活介護を提供する場合も、定員超過利用による減算の対象になりません。
    ➡「2（1）認知症対応型共同生活介護費」**3** 緊急利用の場合126頁を参照
- 定員超過利用に対する市町村の指導に従わず、定員超過利用が2ケ月以上続く場合は、指定の取消しが検討されます。

(4) 人員基準欠如減算

　事業所の職員の配置数が、人員基準を満たしていない場合（いわゆる人員基準欠如）は、所定単位数の30％が減額されます。

〈チェック事項〉

1 減算になる場合

□ 次の職員の配置が人員基準を満たしていない場合に減算
　a　介護従業者
　　・人員基準上必要な員数から1割を超えて減少した場合
　　　➡ その翌月から人員基準欠如が解消される月まで減算
　　・人員基準上必要な員数から1割の範囲内で減少した場合
　　　➡ その翌々月から人員基準欠如が解消される月まで減算
　　　　（翌月の末日において人員基準を満たす場合は除く）
　b　計画作成担当者
　　　➡ その翌々月から人員基準欠如が解消される月まで減算
　　　　（翌月の末日において人員基準を満たす場合は除く）

1 減算になる場合

- 人員基準欠如については、その翌月又は翌々月から人員基準欠如が解消されるに至った月まで、利用者等の全員について所定単位数が30％減算されます。
　➡ 第1章「4（1）人員基準」63頁を参照
- 介護従業者については、人員基準上必要な員数からの不足が**1割を超えているか、超えていないかで**、減算適用の開始時期が異なります。
　1割を超えていない場合は、翌々月からの減算になりますが、翌月末までに人員基準欠如の状態が解消されれば減算されません。
- 著しい人員基準欠如が継続する場合には、市町村から指導されることになり、その指導に従わない場合には、指定の取消しが検討されます。

(5) 夜間支援体制加算

　夜間における利用者の安全確保を強化するために、夜勤職員又は宿直職員について、人員基準上の配置人数より多く配置することを評価する加算です。

夜間支援体制加算（Ⅰ）	1日につき 50 単位を加算
夜間支援体制加算（Ⅱ）	1日につき 25 単位を加算

〈チェック事項〉

1 夜間支援体制加算（Ⅰ）

- [ ] 定員超過利用減算、人員基準欠如減算の基準に該当していないか
- [ ] 次のいずれかを算定しているか
    - ・認知症対応型共同生活介護費（Ⅰ）
    - ・短期利用認知症対応型共同生活介護費（Ⅰ）
- [ ] 次のいずれかに該当するか
    - **a** 常勤換算方法で 0.9 人以上の夜勤職員を配置していて、さらに以下の要件を満たす
    - ・見守り機器を利用者の数の 10 分の 1 以上の数設置している
    - ・利用者の安全並びに介護サービスの質の確保及び職員の負担軽減に資する方策を検討するための委員会を設置し、必要な検討等を行っている
    - **b** 夜勤職員と宿直職員の合計が 2 人以上
- [ ] すべての開所日において、夜間・深夜時間帯の体制が人員配置基準を上回っているか

2 夜間支援体制加算（Ⅱ）

☐ 定員超過利用減算、人員基準欠如減算の基準に該当していないか
☐ 次のいずれかを算定しているか
　・認知症対応型共同生活介護費（Ⅱ）
　・短期利用認知症対応型共同生活介護費（Ⅱ）
☐ 次のいずれかに該当するか
　a　常勤換算方法で0.9人以上の夜勤職員を配置していて、さらに以下の要件を満たす
　・見守り機器を利用者の数の10分の1以上の数設置している
　・利用者の安全並びに介護サービスの質の確保及び職員の負担軽減に資する方策を検討するための委員会を設置し、必要な検討等を行っている
　b　夜勤職員と宿直職員の合計が2人以上
☐ すべての開所日において、夜間・深夜時間帯の体制が人員配置基準を上回っているか

2 認知症対応型共同生活介護

夜間支援体制加算に必要な配置

ⓐ、ⓑのいずれかの体制が必要です。

1 夜間支援体制加算（Ⅰ）

- ユニット数が1つの事業所の場合に夜間支援体制加算（Ⅰ）を算定します。
- 人員配置要件については、下記のいずれかを満たす必要があります。
  - a 下記の要件を満たした上で、夜勤を行う介護従業者を、常勤換算方法で0.9人以上配置している場合
    - ・見守り機器の利用者に対する導入割合が10％以上あること
    - ・利用者の安全並びに介護サービスの質の確保及び職員の負担軽減に資する方策を検討するための委員会を設置して、必要な検討等が行われていること
  - b 夜間・深夜の時間帯を通じて、1人の介護従業者の配置に加えて、常勤換算方法で1人以上の介護従業者又は宿直職員を配置している場合
- 宿直については、事業所内での宿直が必要です。
- 宿直職員は、同一建物内に併設する他の事業所と兼務での配置はできません。ただし、併設事業所が小規模多機能型居宅介護の場合は、次の条件をいずれも満たしていれば、1人の宿直職員が両事業所の宿直を兼ねることができます。
  - a 認知症対応型共同生活介護事業所の定員と小規模多機能型居宅介護事業所の泊り定員の合計が9人以下
  - b 2つの事業所が同一階に隣接しており、一体的な運用が可能な構造である
- **すべての開所日において、**夜間・深夜の時間帯の体制が人員配置基準を上回っている必要があります。

2 夜間支援体制加算（Ⅱ）

- ユニット数が２つ以上の事業所の場合に夜間支援体制加算（Ⅱ）を算定します。
- その他の事項については、夜間支援体制加算（Ⅰ）と同様の扱いになります。

> **ポイント▶見守り機器とは**
>
> 利用者がベッドから離れようとしている状態又は離れたことを感知できるセンサーをもち、センサーから得られた情報を外部通信機能により職員に通報できる、利用者の見守りに資する機器のことをいいます。

(6) 入院時費用

　利用者が病院や診療所に入院している間、退院後に利用者が再入居できるように体制を確保している場合に、所定単位数に代えて算定できる費用です。1月に6日を限度とし、1日につき246単位を算定できます。

<チェック事項>

1 入院時の対応

- ☐ 対象者は、病院又は診療所に入院しており、入院後3ケ月以内に退院することが見込まれるか
- ☐ 利用者やその家族に必要に応じて適切な便宜を提供しているか
- ☐ 退院後再び事業所に円滑に入居できる体制を確保しているか
- ☐ 入院中に利用者の居室を短期利用など他のサービスに利用していないか

2 算定の期間等

- ☐ 算定は1ケ月に6日までとしているか
- ☐ 所定単位数に代えて1日につき246単位を算定しているか
- ☐ 入院等の初日と最終日に算定していないか

1 入院時の対応

- 利用者が3ケ月以内に退院することが見込まれるかどうかについては、利用者の入院先の病院・診療所の主治医に確認するなどの方法により判断します。
- 「必要に応じて適切な便宜を提供」とは、入退院の手続きや状況に応じた便宜を図ることを指します。利用者やその家族の同意を得た上で行います。
- やむを得ない事情がある場合を除いて、利用者が退院後に事業所に再入居することができる体制を確保しており、そのことを利用者や家族に説明している必要があります。この場合の「やむを得ない事情」とは、例えば、利用者の退院が予定より早まったために居室の確保が間に合わないような場合をいい、単に当初予定の退院日に居室の空きがないなど、**事業所側の都合は基本的には該当しません。**
- 利用者の入院期間中の居室は、短期利用認知症対応型共同生活介護等に利用しても問題ありませんが、利用者が退院する際に円滑に再入居できるように、計画的な利用であることが必要です。
- 入院期間中の居室を短期利用等に活用する場合は、利用者の同意が必要です。この場合、入院時費用は算定できません。

2 算定の期間等

- 1回の入院が月をまたぐ場合は、1ケ月に6日を限度として、**最大で連続して13泊（12日）分まで**算定が可能です。ただし、入院の初日と最終日は算定できませんので、連続して7泊の入院の場合、入院期間は6日と計算されます。
- 入院の期間中にそのまま退居した場合は、退居日についても入院時費用が算定できます。

(7) 看取り介護加算

看護師等との連携や指針の整備など看取りの体制を整え、実際に看取りを行った場合に算定します。

死亡日以前31日以上45日以下	1日につき72単位を加算
死亡日以前4日以上30日以下	1日につき144単位を加算
死亡日の前日及び前々日	1日につき680単位を加算
死亡日	1日につき1,280単位を加算

〈チェック事項〉

1 基本事項

☐ 対象者について、医師が回復の見込みがないと診断しているか
☐ 死亡日及び死亡日以前45日以下で算定しているか
☐ 退居した翌日から死亡日までの間に算定していないか
☐ 医療連携体制加算を算定しているか
☐ 計画作成・実施に当たっては、ガイドラインに沿っているか

2 看取りの体制

☐ 看取りに関する指針を定めているか
☐ 多職種で協議の上、適宜、看取りに関する指針を見直しているか
☐ 多職種が共同で介護計画を作成しているか
☐ 看護職員は、密接な連携を確保できる範囲内の距離にある訪問看護ステーション等の職員であるか
☐ 介護記録等を作成し、多職種連携のための情報提供を実施しているか
☐ 看取りに関する職員研修を行っているか

1 基本事項

- 算定対象の利用者は、医師が一般に認められている医学的知見に基づき回復の見込みがないと診断した者であることが要件です。
- 利用者が死亡した場合に、死亡日を含めて 45 日まで算定できます。
- 死亡前に自宅へ戻ったり、医療機関に入院して自宅や入院先で死亡した場合でも算定は可能ですが、退居日の翌日から死亡日までの間は算定できません。したがって、その期間が 45 日以上あった場合は算定できません。
- 利用者が退居後に死亡した場合で、退居した月と死亡した月が異なる場合でも算定は可能ですが、自己負担の請求について同意を得る必要があります。(「3 利用者・家族の同意」141 頁を参照)
- 医療連携体制加算を算定していない場合は、本加算は算定できません。
- 看取り介護計画の作成、実施に当たっては、「人生の最後段階における医療・ケアの決定プロセスに関するガイドライン」等の内容に沿った取組みを行う必要があります。

2 看取りの体制

- 看取り介護の実施に当たっては、看取りに関する指針を定める必要があります。また、医師、看護職員、介護職員、介護支援専門員等が協議の上、実態をふまえて適宜、指針を見直します。
- 看護職員は、**事業所と連携がとれる距離にある病院・診療所・訪問看護ステーションの職員**に限られます。具体的には、事業所と同一市町村内にあるか、自動車等でおおむね 20 分以内の近距離にあるなど、実際に連携がとれる距離でなければなりません。
- 看取り介護の実施に当たっては、次の事項を介護記録等に記録すると共に、多職種連携を図るため適切な情報共有に努めます。
    a 終末期の身体症状の変化及びこれに対する介護等についての記録
    b 療養や死別に関する利用者・家族の精神状態の変化、これに対するケアの記録
    c 看取り介護の各プロセスで把握した利用者等の意向とそれに基づくアセスメント及び対応についての記録

- 事業所は、PDCAサイクルによって、看取り介護を実施する体制を構築します。

  Plan：看取りに関する指針を定めることで事業所の看取りの方針等を明らかにする

  Do：看取り介護の実施に当たっては、医師の判断を前提に、介護計画に基づいて、利用者がその人らしく生き、その人らしい最期が迎えられるよう支援を行う

  Check：多職種が参加するケアカンファレンス等を通じて、実施した看取り介護の検証や、職員の精神的負担の把握及びそれに対する支援を行う

  Action：看取りに関する指針の内容その他看取り介護の実施体制について、適宜、見直しを行う

3 利用者・家族の同意

- [ ] 看取りに関する指針について、入居時に利用者又は家族に説明し、同意を得ているか
- [ ] 介護計画について、利用者又は家族に説明し、同意を得ているか
- [ ] 利用者の状態又は家族の求めに応じて、具体的なサービスについて説明し、同意を得た上でサービスを提供しているか
- [ ] 利用者や家族への説明を口頭でした場合は介護記録に記載しているか
- [ ] 利用者本人が十分に判断できる状態になく、かつ、家族の来訪が見込まれない場合、介護記録に職員間の相談日時・内容等が記載されているか
- [ ] 入院先との連携及び情報提供について、利用者又は家族の同意を得ているか
- [ ] 退居月と死亡月が異なる場合の一部負担金の発生について、利用者又は家族に説明し、同意を得ているか

3 利用者・家族の同意

- 看取りの介護に当たっては、指針に基づき、利用者の状態や家族に求められた時など必要に応じて、その都度サービスについて具体的に本人や家族に説明し、同意を得るようにします。
- 利用者や家族に対して具体的なサービスや方針等について説明し、口頭で同意を得たような場合は、介護記録に日時、内容等、同意を得た旨を記載しておく必要があります。
- 利用者が判断できる状態になく、家族の来訪も見込まれないような場合は、職員間での相談日時、内容等、利用者の状態、家族と連絡をとったが来訪がなかった旨を介護記録に記録しておきます。
- 利用者が**入院する際には、入院先の医療機関等から利用者の状態等について情報を提供してもらう**ことについて、本人又は家族に説明し、文書にて同意を得ておくことが必要です。
- 退居した月と死亡した月が異なる場合、本加算は死亡月にまとめて算定することから、入居していない月も自己負担を請求することになるため、退居時に、退居の翌月に亡くなった場合は前月分の自己負担を請求する場合があることを利用者又は家族に説明し、文書で同意を得ておくことが必要です。

(8) 協力医療機関連携加算

入所者の現病歴等の情報共有を行う会議を定期的に開催することを評価する加算です。

協力医療機関が〈チェック事項〉のa、bの要件を満たす場合	1月につき100単位を加算
それ以外の場合	1月につき40単位を加算

〈チェック事項〉

1 協力医療機関連携加算

□ 協力医療機関は次の要件を満たしているか
　a　利用者の病状が急変した場合等に、医師又は看護職員が相談対応を行う体制を常時確保している
　b　事業所から診療の求めがあった場合に、診療を行う体制を常時確保している
□ 協力医療機関と病歴等の情報を共有する会議を定期的に開催しているか
□ 上記会議の開催に当たって、利用者の同意を得ているか

1 協力医療機関連携加算

- 会議では、特に協力医療機関に対して診療を求める可能性が高い利用者や新規利用者を中心に、情報共有や対応の確認等を行います。毎回の会議で、必ずしも利用者全員について詳細な病状等を共有しなくても差し支えありません。
- 複数の医療機関を協力医療機関として定めることにより、協力医療機関の2要件を満たす場合には、それぞれの医療機関と会議を行う必要があります。
- 協力医療機関の2要件を満たす場合で、運営基準に規定する届出として医療機関の情報を都道府県等に届け出ていない場合には、速やかに届け出る必要があります。
　➡ 協力医療機関の対象となる医療機関は第1章「4　(3) 運営基準」23 協力医療機関との連携体制の構築91頁を参照。
- 「会議を定期的に開催」とは、おおむね月に1回以上開催されている必要があ

ります。ただし、電子的システムにより協力医療機関が事業所の利用者の情報が随時確認できる体制が確保されている場合には、定期的に年3回以上開催することで差し支えありません。また、協力医療機関へ診療の求めを行う可能性の高い利用者がいる場合には、より高い頻度で情報共有等を行う会議を実施することが望ましいです。

- 会議は、テレビ電話装置等を活用して行うこともできます。
- 本加算における会議は、利用者の病状が急変した場合の対応の確認と一体的に行うこととしても差し支えありません。
- 会議の開催状況は、その概要を記録しなければなりません。
- 会議に出席する職種は問いませんが、利用者の病歴その他健康に関する情報を協力医療機関の担当者に説明でき、急変時等における当該協力医療機関との対応を確認できる者が出席することが望ましいです。

> **ポイント** 複数の協力医療機関と会議を開催する場合とは？
>
> 　複数の医療機関を協力医療機関として定めることにより、協力医療機関の2要件を満たす場合には、それぞれの医療機関と会議を行う必要があります。
> 　しかし、2要件すべてを満たす医療機関を、協力医療機関として複数定めている場合には、会議はそのうちの1つの医療機関と行うことで差し支えありません。

(9) 医療連携体制加算

　日常的に利用者の健康管理を行い、医療ニーズが必要となった場合に適切な対応がとれる体制を整備している事業所を評価するものです。

医療連携体制加算（Ⅰ）イ	1日につき57単位を加算
医療連携体制加算（Ⅰ）ロ	1日につき47単位を加算
医療連携体制加算（Ⅰ）ハ	1日につき37単位を加算
医療連携体制加算（Ⅱ）	1日につき5単位を加算

〈チェック事項〉

1 医療連携体制加算（Ⅰ）

- □ 次の人員を確保した体制になっているか
    - □ 医療連携体制加算（Ⅰ）イ
        - ・事業所の職員として看護師を常勤換算で1人以上
    - □ 医療連携体制加算（Ⅰ）ロ
        - ・事業所の職員として看護職員を常勤換算で1人以上
    - □ 医療連携体制加算（Ⅰ）ハ
        - ・事業所の職員として、又は病院、診療所もしくは訪問看護ステーションとの連携により、看護師を1人以上
- □ 看護師と24時間連絡できる体制を確保しているか
- □ 重度化した場合の対応に係る指針を定め、入居の際に、利用者又はその家族等に指針の内容を説明し同意を得ているか

2 認知症対応型共同生活介護

医療体制連携加算に必要な配置

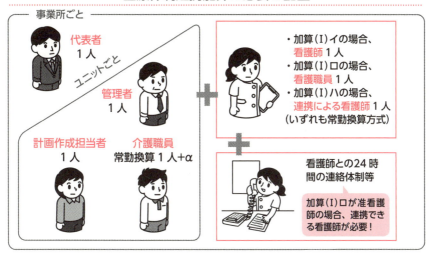

1 医療連携体制加算（Ⅰ）

- 医療連携体制加算（Ⅰ）の体制では以下の配置が必要です。看護師、看護職員は、同一法人の他の施設に勤務する看護師を併任する職員として確保することも可能です。
  - ・加算（Ⅰ）イの場合、看護師1人
  - ・加算（Ⅰ）ロの場合、看護職員1人
  - ・加算（Ⅰ）ハの場合、病院・診療所・訪問看護ステーションとの連携による看護師1人
- 本加算の算定に当たっては、事業所では次のような業務を想定します。したがって、事業所に配置する看護師などには、これらの業務のために必要な勤務時間を確保しなければなりません。また、その記録が必要です。
  - ・利用者に対する日常的な健康管理（週1回以上）
  - ・通常時及び利用者の状態悪化時における医療機関（主治医）との連絡・調整
  - ・看取りに関する指針の整備等
- 「重度化した場合の対応に係る指針」は、入居時に説明します。**重要事項説明書に盛り込むか、その補足書類として添付するとよいでしょう。**
- 本加算の算定時に、利用者は契約を結んだ上で訪問看護ステーションを利用することが可能ですが、急性増悪時等には、診療報酬の算定要件に合致すれば、医療保険による訪問看護が利用可能です。

ポイント　重度化した場合の対応に係る指針

「重度化した場合の対応に係る指針」に盛り込むべき項目は、次のような例が考えられます。
① 急性期における医師や医療機関との連携体制
② 入院期間中の認知症対応型共同生活介護における居住費や食費の取扱い
③ 看取りに関する考え方、本人及び家族との話し合いや意思確認の方法等の看取りに関する指針

2 認知症対応型共同生活介護

2 医療連携体制加算（Ⅱ）

- ☐ 医療連携体制加算（Ⅰ）イ、ロ又はハのいずれかを算定しているか
- ☐ 算定月の前3ケ月間に、次のいずれかに該当する利用者が1人以上いるか
  - a 喀痰吸引を実施している
  - b 呼吸障害等により人工呼吸器を使用している
  - c 中心静脈注射を実施している
  - d 人工腎臓を実施している
  - e 重篤な心機能障害、呼吸障害等により常時モニター測定を実施している
  - f 人工膀胱又は人工肛門の処置を実施している
  - g 経鼻胃管や胃瘻等の経腸栄養が行われている
  - h 褥瘡に対する治療を実施している
  - i 気管切開が行われている
  - j 留置カテーテルを使用している
  - k インスリン注射を実施している

2 医療連携体制加算（Ⅱ）

- 医療連携体制加算（Ⅰ）を算定している上で、算定月の前3ケ月間に、チェック事項の a～k に示す内容に該当する利用者が1人以上いることが必要です。
- 本加算の算定では、協力医療機関等と連携しながら、利用者ができる限り事業所で療養生活を続けられるように支援することが求められます。そのため、算定要件には喀痰吸引や経腸栄養等の医療ニーズに対応した利用者の利用実績（短期利用を含む）があり、実際に必要な支援を行っていることを要件としています。

(10) 退居時情報提供加算

　利用者が退居後に入院する際に、生活支援上の留意点等の情報提供を行うことを評価するものです。利用者1人につき、1回を限度として250単位を算定します。

〈チェック事項〉

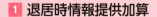 退居時情報提供加算

☐ 利用者が退居後に医療機関に入院する際に、退居時情報提供書を交付したか
☐ 医療機関への情報提供に当たり、利用者の同意を得ているか
☐ 退居時情報提供書の写しを記録しているか

1 退居時情報提供加算

- グループホームから医療機関へ退所する際、医療機関に対して利用者について情報提供することで、利用者1人につき1回に限り算定できます。
- 退居時情報提供書には利用者の心身の状況、生活歴などを記載します。必ず利用者の同意を得てください。
- 医療機関への入院に当たって、グループホームでの**退所又は退居の手続きを行わない場合においても算定可能です。**
- グループホームのショートステイ利用者については、情報提供は居宅介護支援事業所のケアマネジャーが行うものですので算定はできません。

> **注意！** 同じ月に同一医療機関へ入院する場合は算定できません。
>
> 利用者が、同一医療機関への入退院を繰り返す場合については、同一月に再入院する場合には算定できません。翌月に入院する場合であっても、前回入院時から利用者の状況が変わらず、提供する内容が同一の場合には算定できません。

(11) 退居時相談援助加算

利用者が在宅復帰する際、居宅サービス等の利用につなげるための援助を評価するもので、利用者1人につき1回を限度として400単位を算定します。

〈チェック事項〉

1 基本事項

- □ 利用期間が1ケ月を超える利用者が退居する際に算定を行っているか
- □ 利用者1人につき1回の算定に限っているか
- □ 次の場合に算定を行っていないか
    - a 退居して病院・診療所に入院する場合
    - b 退居して介護保険施設に入所する場合
    - c 退居して認知症対応型共同生活介護、地域密着型介護老人福祉施設入所者生活介護、特定施設入居者生活介護、地域密着型特定施設入居者生活介護の利用を開始する場合
    - d 死亡退居の場合

2 相談援助

- □ 退居後の居宅サービス等についての相談援助を行っているか
- □ 退居日から2週間以内に、市区町村と次のいずれかに利用者の情報を提供しているか
    - a 老人介護支援センター
    - b 地域包括支援センター
- □ 情報提供に当たって利用者の同意を得ているか
- □ 相談援助は、介護支援専門員である計画作成担当者と介護従業者等が協力して行っているか
- □ 相談援助は、退居者とその家族のいずれにも行っているか
- □ 相談援助を行った年月日、相談援助の内容の要点を記録しているか

1 基本事項

- 本加算の対象となるのは、1ケ月以上入居しており、退居後に居宅サービス等を利用予定である利用者です。
- グループホームを退居後に在宅での生活に戻る人が対象となるため、**退居先が病院や介護保険施設等の場合は加算の対象にはなりません。**

2 相談援助

- 利用者が退居後に居宅サービスや地域密着型サービスを利用する場合は、退居時に利用者とその家族に利用するサービスについての相談援助を行います。
  なお、短期利用の利用者については、相談援助は居宅サービスのケアマネジャー等が行うため加算の対象とはなりません。
- 退居時相談援助の内容は、次のようなものです。
  a 食事、入浴、健康管理など在宅における生活に関する相談援助
  b 退居者の運動機能や日常生活動作能力の維持・向上を目的として行う各種訓練等に関する相談援助
  c 家屋の改善に関する相談援助
  d 退居者の介助方法に関する相談援助
- 利用者の同意を得た上で、利用者の退居後の居宅地を管轄する市町村等に対して、利用者の介護状況を示す文書を添えて、居宅サービス等の利用に必要な情報の提供を退居日から2週間以内に行います。

(12) 認知症専門ケア加算

　専門的な認知症ケアを普及する観点から、認知症介護の経験があり、認知症ケアの専門研修修了者が介護サービスを提供することを評価する加算です。

認知症専門ケア加算（Ⅰ）	1日につき3単位を加算
認知症専門ケア加算（Ⅱ）	1日につき4単位を加算

〈チェック事項〉

1 認知症専門ケア加算（Ⅰ）

☐ 事業所の利用者のうち、日常生活自立度ランクⅢ・Ⅳ・Mの認知症の利用者（対象者）の割合が2分の1以上であるか
☐ 認知症介護実践リーダー研修修了者を次の基準で配置し、チームとして専門的な認知症ケアを実施しているか
　a　対象者が20人未満：1人以上
　b　対象者が20人以上：1人に対象者が19を超えて10又はその端数を増すごとに1を加えた数以上
☐ 事業所の従業者に対して、認知症ケアに関する留意事項の伝達又は技術的指導に係る会議を定期的に開催しているか
☐ 認知症チームケア推進加算及び認知症専門ケア加算（Ⅱ）を算定していないか

1 認知症専門ケア加算（Ⅰ）

- 認知症日常生活自立度Ⅲ以上の利用者の割合の算定は、届出月の前3ケ月の各月末時点の利用者数の平均で算定します。なお、短期利用認知症対応型共同生活介護の利用者は本加算の対象から除きます。
- 日本介護福祉士会等が実施する「介護福祉士ファーストステップ研修」については、認知症介護実践リーダー研修と同等の取扱いと認められる場合がありますが、市町村で取扱いが異なります。
- 認知症介護実践リーダー研修修了者の必要数は、対象者（日常生活自立度ランクⅢ・Ⅳ・Mの利用者）数に応じて、次の表の通りに設定されています。
  ➡「参考　認知症高齢者の日常生活自立度判定基準」213頁を参照

対象者の数	認知症介護実践リーダー研修修了者の必要数
20人未満	1人以上
20人以上30人未満	2人以上
30人以上40人未満	3人以上
40人以上50人未満	4人以上

2 認知症専門ケア加算（Ⅱ）

- [ ] 事業所の利用者のうち、日常生活自立度ランクⅢ・Ⅳ・Mの認知症の利用者（対象者）の割合が2分の1以上であるか
- [ ] 認知症介護実践リーダー研修修了者を次の基準で配置し、チームとして専門的な認知症ケアを実施しているか
    - a 対象者が20人未満：1人以上
    - b 対象者が20人以上：1人に対象者が19を超えて10又はその端数を増すごとに1を加えた数以上
- [ ] 事業所の従業者に対して、認知症ケアに関する留意事項の伝達又は技術的指導に係る会議を定期的に開催しているか
- [ ] 認知症介護指導者養成研修修了者を1人以上配置し、事業所全体の認知症ケアの指導等を実施しているか
- [ ] 事業所の介護従業者、看護従業者ごとの認知症ケアに関する研修計画を作成し、計画に従って研修を実施又は実施を予定しているか
- [ ] 認知症チームケア推進加算及び認知症専門ケア加算（Ⅰ）を算定していないか

> **ポイント** 認知症ケアに関する専門性の高い看護師の配置でも可
>
> 次の a ～ c の研修等を受けた認知症ケアに関する専門性の高い看護師は、認知症介護実践リーダー研修（加算（Ⅰ）（Ⅱ））、認知症介護指導者養成研修（加算（Ⅱ））を修了した者に代えて、配置可能です。
> a 日本看護協会認定看護師教育課程「認知症看護」の研修
> b 日本看護協会が認定している看護系大学院の「老人看護」及び「精神看護」の専門看護師教育課程
> c 日本精神科看護協会が認定している「精神科認定看護師」

2 認知症対応型共同生活介護

2 認知症専門ケア加算（Ⅱ）

- チェック事項の要件のうち3点は、認知症専門ケア加算（Ⅰ）と同じになりますので、参照してください。
- 認知症介護指導者養成研修修了者は、適切に事業所全体の認知症ケアを実施していれば、管理者などでもよく、特にその者の職務や資格等は問いません。
- 対象者（日常生活自立度ランクⅢ・Ⅳ・Mの利用者）が**10人未満の場合は、認知症介護実践リーダー研修と認知症介護指導者養成研修の両方の修了者が1人配置**されていれば、本加算を算定できます。

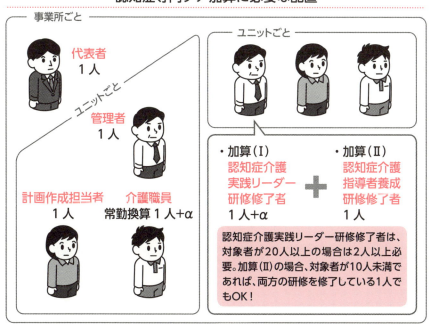

認知症専門ケア加算に必要な配置

(13) 認知症チームケア推進加算

　日頃から認知症の利用者等に対して適切な介護を提供することにより、認知症の行動・心理症状（BPSD）の予防及び出現時の早期対応に資するチームケアを実施していることを評価する加算です。

認知症チームケア推進加算（Ⅰ）	1月につき150単位を加算
認知症チームケア推進加算（Ⅱ）	1月につき120単位を加算

〈チェック事項〉

1 認知症チームケア推進加算（Ⅰ）

☐ 利用者のうち、日常生活自立度のランクⅡ、Ⅲ、Ⅳ又はMに該当する利用者（対象者）の割合が2分の1以上であるか

☐ 「認知症介護指導者養成研修」及び認知症チームケア推進研修を修了した者を1人以上配置し、かつ、複数人の介護職員から成るBPSDに対応するチームを組んでいるか

☐ 対象者に対し、個別にBPSDの評価を計画的に行い、その評価に基づく値を測定し、BPSDの予防等に資するチームケアを実施しているか

☐ BPSDの予防等に資する認知症ケアについて、カンファレンスの開催、計画の作成、BPSDの有無及び程度についての定期的な評価、ケアの振り返り、計画の見直し等を行っているか

☐ 認知症専門ケア加算及び認知症チームケア推進加算（Ⅱ）を算定していないか

1 認知症チームケア推進加算（Ⅰ）

- 利用者のうち、日常生活自立度のランクⅡ、Ⅲ、Ⅳ又はMに該当する利用者（対象者）の割合は、届出日月の前3ケ月の各月末時点の利用者等数の平均で算定します。
- 本加算対象である利用者に対して、加算対象となるサービスを直接提供する複数人の介護職員によってチームを編成します。なお、職種については介護福祉士以外であっても差し支えありません。
- 本加算の算定に当たっては、「認知症介護指導者養成研修」の修了と共に、認知症チームケア推進研修を修了する必要があります。

> **ポイント** 認知症チームケア推進加算の基本的な考え方

チームは以下の要領でケアを進めていきます。
①加算対象者である利用者等個人に対して計画的にBPSDの評価指標を用いて評価を実施する。
②その評価の結果に基づき、チームケアの計画を作成・実施する。計画の作成に当たっては、評価の結果と整合性がとれた計画を、個々の利用者等の状態に応じて個別に作成し、画一的な計画とならないよう留意する。また、ケアにおいて利用者等の尊厳が十分保持されるよう留意する。
③チームケアを実施するに当たっては、対象者1人につき月1回以上の定期的なカンファレンスを開催し、BPSDを含めて個々の利用者等の状態を評価し、ケア計画策定、ケアの振り返り、状態の再評価、計画の見直し等を行う。
④利用者等の状態の評価、ケア方針、実施したケアの振り返り等は別紙様式の「認知症チームケア推進加算・ワークシート」及び介護記録等に詳細に記録する。
⑤日々のケアの場面で心身の状態や環境等の変化が生じた時は、その都度カンファレンスを開催して、再評価、ケア方針の見直し等を行う。

> **ポイント** 加算の算定に必要な記録

算定に当たって必要な記録は以下の通りです。
①別紙様式
　認知症チームケア推進加算に係るワークシート。
②介護記録等
　介護日誌や施設サービス計画書、認知症対応型共同生活介護計画書等。介護記録等については、利用者等の状態の評価、ケア方針、実施したケアの振り返り等をていねいに記載することが重要で、介護記録等以外のものを使用しても差し支えないほか、この加算のみのために、新たな書式を定めることは必要ありません。

2 認知症チームケア推進加算（Ⅱ）

- ☐ 利用者のうち、日常生活自立度のランクⅡ、Ⅲ、Ⅳ又はMに該当する利用者（対象者）の割合が2分の1以上であるか
- ☐ 「認知症介護実践リーダー研修」及び認知症チームケア推進研修を修了した者を1人以上配置し、かつ、複数人の介護職員から成るBPSDに対応するチームを組んでいるか
- ☐ 対象者に対し、個別にBPSDの評価を計画的に行い、その評価に基づく値を測定し、BPSDの予防等に資するチームケアを実施しているか
- ☐ BPSDの予防等に資する認知症ケアについて、カンファレンスの開催、計画の作成、BPSDの有無及び程度についての定期的な評価、ケアの振り返り、計画の見直し等を行っているか
- ☐ 認知症専門ケア加算及び認知症チームケア推進加算（Ⅰ）を算定していないか

2 認知症チームケア推進加算（Ⅱ）

- チェック事項の要件のうち3点は、認知症チームケア推進加算（Ⅰ）と同じになりますので、参照してください。
- 本加算の算定に当たっては、「認知症介護実践リーダー研修」の修了と共に、認知症チームケア推進研修を修了する必要があります。

> **ポイント** 同一事業所でも認知症チームケア加算と認知症専門ケア加算は、利用者を分けて算定できます
>
> 同一事業所で、ある利用者に対しては認知症専門ケア加算、別の利用者に対しては認知症チームケア推進加算を算定するということは可能です。したがって、認知症の症状が不安定で、認知症チームケア推進加算に基づくケア提供が、より望ましいと認められる場合には、認知症専門ケア加算から認知症チームケア推進加算に切り替えても差し支えありません。

(14) 口腔衛生管理体制加算

　歯科医師又は歯科医師の指示を受けた歯科衛生士との連携により、認知症高齢者の口腔衛生管理を適切に行うことについて評価する加算です。1月につき30単位を算定します。

〈チェック事項〉

> **1 口腔衛生管理体制加算**
>
> □ 事業所において、歯科医師又は歯科医師の指示を受けた歯科衛生士が介護職員に口腔ケアに係る技術的助言・指導を月1回以上行っているか
> □ 歯科医師又は歯科医師の指示を受けた歯科衛生士の技術的助言・指導に基づき、利用者の口腔ケア・マネジメントに係る計画が作成されているか
> □ 定員超過利用減算・人員基準欠如減算の要件に該当していないか

1 口腔衛生管理体制加算

- 入院・外泊中の期間を除き、その月に1日でも事業所に在所した利用者であれば算定できます。
- 「口腔ケアに係る技術的助言・指導」とは、次のいずれかに関する技術的助言・指導のことです。個々の利用者の口腔ケア計画のことではありません。
    a 口腔内状態の評価方法
    b 適切な口腔ケアの手技
    c 口腔ケアに必要な物品整備の留意点
    d 口腔ケアに伴うリスク管理
    e その他の日常的な口腔ケアの実施に当たり必要な事項
- 「利用者の口腔ケア・マネジメントに係る計画」には、次の事項を記載します。
    a 事業所において利用者の口腔ケアを推進するための課題
    b 事業所における目標
    c 具体的方策
    d 留意事項
    e 事業所と歯科医療機関との連携の状況
    f 歯科医師からの指示内容の要点（歯科衛生士が助言・指導を行った場合のみ）
    g その他必要と思われる事項
- 医療保険において歯科訪問診療料又は訪問歯科衛生指導料が算定された月でも口腔衛生管理体制加算を算定できます。ただし、介護職員への口腔ケアに係る技術的助言・指導又は口腔ケア計画に関する技術的助言・指導は、**歯科訪問診療又は訪問歯科衛生指導の実施時間以外の時間帯に行う**必要があります。
    この場合、歯科訪問診療料又は訪問歯科衛生指導料を算定した日と同一日であっても、歯科訪問診療又は訪問歯科衛生指導を行っていない時刻であれば、「実施時間以外の時間帯」に該当します。
- 定員超過利用減算・人員基準欠如減算の要件に該当している場合は、本加算は算定できません。
    ➡「2（3）定員超過利用減算」129頁、「2（4）人員基準欠如減算」130頁を参照

(15) 栄養管理体制加算

栄養改善の推進のため、管理栄養士との連携を行い、日常的な栄養ケアを行う体制を確保することを評価する加算です。1月につき 30 単位を算定します。

〈チェック事項〉

1 栄養管理体制加算

☐ 管理栄養士（外部の管理栄養士も可能）が、従業者に対して栄養ケアに係る技術的助言及び指導を月1回以上行っているか
☐ 定員超過利用減算・人員基準欠如減算の要件に該当していないか

1 栄養管理体制加算

- 外部の管理栄養士との連携とすることも可能です。連携先は、他の介護事業所、医療機関、介護保険施設（栄養マネジメント強化加算の算定要件として人員基準を超えた管理栄養士を置いている又は常勤の管理栄養士を１人以上配置しているものに限る）、日本栄養士会や都道府県栄養士会が設置し運営する「栄養ケア・ステーション」になります。
- 栄養ケアに係る技術的助言及び指導の具体的な内容は、利用者の低栄養状態の評価方法、栄養ケアに関する課題（食事中の傾眠、拒食、徘徊・多動等）への対応方法、食形態の調整及び調理方法、その他当該事業所において日常的な栄養ケアの実施に当たり必要と思われる事項のうち、いずれかの技術的助言と指導です。利用者ごとの栄養ケアマネジメントのことではありません。
- 技術的助言及び指導に当たっては、以下の項目について記録します。
    - a 事業所において利用者の栄養ケアを推進するための課題
    - b 事業所における目標
    - c 具体的方策
    - d 留意事項
    - e その他必要と思われる事項

(16) 高齢者施設等感染対策向上加算

　高齢者施設等における平時からの感染対策の実施や、感染症発生時に感染者の対応を行う医療機関との連携体制を評価する加算です。

高齢者施設等感染対策向上加算（Ⅰ）	1月につき 10 単位を加算
高齢者施設等感染対策向上加算（Ⅱ）	1月につき 5 単位を加算

※加算（Ⅰ）（Ⅱ）は併算定可

〈チェック事項〉

1 高齢者施設等感染対策向上加算（Ⅰ）

- □ 感染症法第6条第17項に規定する第二種協定指定医療機関との間で、新興感染症（新たな未知のウイルスの発生など）の発生時において対応できる体制を確保しているか
- □ 新興感染症以外の一般的な感染症（季節性インフルエンザ、新型コロナウイルス感染症等）について、協力医療機関等と感染症発生時における診療等の対応を取り決めると共に、感染症発生時には当該協力医療機関等と連携の上、適切な対応を行っているか
- □ 診療報酬上の感染対策向上加算又は外来感染対策向上加算に係る届出を行った医療機関等が行う院内感染対策に関する研修又は訓練に1年に1回以上参加しているか

1 高齢者施設等感染対策向上加算（Ⅰ）

- 「第二種協定指定医療機関」とは、発熱外来や自宅療養者等への医療提供を担当する医療機関（病院、診療所、薬局、訪問看護事業所）であって、感染症指定医療機関医療担当規程（平成11年厚生省告示第42号）に基づいて対応する医療機関です。ただし、本加算を算定する際に連携の対象となるのは病院、診療所に限定されています。

  ※第二種協定指定医療機関との連携要件は、2024年10月1日から適用されます。

- 「院内感染対策に関する研修又は訓練」とは、以下の通りです。
  ①感染対策向上加算又は外来感染対策向上加算の届出を行った医療機関において、感染制御チーム（外来感染対策向上加算にあっては、院内感染管理者）によって、職員を対象として定期的に行う研修
  ②感染対策向上加算1の届出を行った保険医療機関が、保健所及び地域の医師会と連携して、感染対策向上加算2又は3の届出を行った保険医療機関と合同で、定期的に行う院内感染対策に関するカンファレンスや新興感染症の発生時等を想定した訓練
  ③地域の医師会が定期的に主催する院内感染対策に関するカンファレンスや新興感染症の発生時等を想定した訓練

    ※診療報酬上の感染対策向上加算1に係る届出を行った医療機関が主催するカンファレンスでは、薬剤耐性菌等の分離状況や抗菌薬の使用状況などの情報の共有及び意見交換を行う場合もあるため、カンファレンスの内容として、高齢者施設等における感染対策に資するものであることを事前に確認の上、参加することが必要です。

- 研修・訓練等には、リアルタイムでの画像を介したコミュニケーション（ビデオ通話）が可能な機器を用いて参加しても差し支えありません。
- 研修又は訓練への参加については、医療機関等にその実施予定日を確認し、高齢者施設等の職員の参加の可否を確認した上で、例えば令和6年度であれば令和7年3月31日までに研修又は訓練に参加できるめどがあれば加算の算定が可能です。
- 季節性インフルエンザやノロウイルス感染症、新型コロナウイルス感染症など特に高齢者施設等において流行を起こしやすい感染症について、協力医療機関等と連携し、感染した入所者に対して適切に医療が提供される体制が構築されている必要があります。

2 高齢者施設等感染対策向上加算（Ⅱ）

☐ 診療報酬上の感染対策向上加算に係る届出を行った医療機関から、3年に1回以上、事業所内で感染者が発生した場合の対応に係る実地指導を受けているか

2 高齢者施設等感染対策向上加算（Ⅱ）

- 本加算は、感染対策向上加算に係る届出を行った医療機関からの実地指導を受けた日から起算して3年間算定できます。
- 実地指導については、感染対策向上加算に係る届出を行った医療機関に設置された感染制御チームの専任の医師又は看護師等が行い、内容は以下のものが想定されます。
  ①施設等の感染対策の現状の把握、確認（施設等の建物内の巡回等）
  ②施設等の感染対策状況に関する助言・質疑応答
  ③個人防護具の着脱方法の実演、演習、指導等
  ④感染疑い等が発生した場合の施設等での対応方法（ゾーニング等）に関する説明、助言及び質疑応答
  ⑤その他、施設等のニーズに応じた内容
  ※単に、施設等において机上研修のみを行う場合には算定できません。

(17) 新興感染症等施設療養費

　新興感染症のパンデミック発生時等に、施設内で感染した高齢者に対して必要な医療やケアを提供する観点や、感染拡大に伴う病床ひっ迫を避ける観点から、必要な感染対策や医療機関との連携体制を確保した上で感染した高齢者の療養を施設内で行うことを評価するものです。1日につき240単位を加算します。

〈チェック事項〉

1 新興感染症等施設療養費

- □ 利用者が一定の感染症に感染した場合に相談対応、診療、入院調整等を行う医療機関を確保しているか
- □ 感染した利用者に対し、適切な感染対策を行った上で、サービスを行っているか
- □ 算定は1月に1回、連続する5日以内か

1 新興感染症等施設療養費

- この加算は、将来に発生することが想定される新たなる未知のウイルスによる感染症のパンデミックが起こった場合を想定して、その事前準備として創設された加算です。対象となる感染症は、今後のパンデミック発生時等に必要に応じて厚生労働大臣が指定します。令和6年6月時点で指定されている感染症はありません。
- 適切な感染対策とは、手洗いや個人防護具の着用等の標準予防策（スタンダード・プリコーション）の徹底、ゾーニング、コホーティング、感染者以外の利用者も含めた健康観察等を指します。
- 具体的な感染対策の方法については、「介護現場における感染対策の手引き（第3版）」を参考にしましょう。

3 共通

(1) 身体拘束廃止未実施減算

身体的拘束等の適正化の義務に違反した事業所に対する減算です。

小規模多機能型居宅介護	所定単位数の1%を減算
認知症対応型共同生活介護	所定単位数の10%を減算
短期利用認知症対応型共同生活介護	所定単位数の1%を減算

〈チェック事項〉

1 減算になる場合

☐ 次の身体的拘束等防止のための措置を講じていない場合に減算
- a 身体的拘束等を行う場合には、その都度、その態様、時間、利用者の心身の状況、緊急やむを得ない理由を記録している
- b 身体的拘束等の適正化のための対策を検討する委員会
  ・委員会を3月に1回以上開催している
  ・議事録を作成し、その内容を介護従業者、その他の従業者に周知徹底している
- c 身体的拘束等の適正化のための指針を整備している
- d 介護従業者その他の従業者に対し、身体的拘束等の適正化のための研修を年に2回以上実施している

1 減算になる場合

- 身体拘束廃止未実施減算は、運営基準上に規定されている身体的拘束等防止のための措置を講じていない場合に、**利用者全員について所定単位数から減算します**。具体的には、チェック事項にある **a〜d** の措置を講じていないという事実が生じた場合に、事実が生じた月の翌月から改善が認められた月までの間について減算になります。

　➡ 運営基準上の身体的拘束等防止措置については、第1章「3（3）その他の運営基準」 5 身体的拘束等の禁止 28頁、「解説　身体的拘束等の適正化を図る措置」40頁を参照

(2) 高齢者虐待防止措置未実施減算

虐待の発生等を防止する措置を講じていない事業所に対する減算です。所定単位数の1％を減算します。

〈チェック事項〉

1 高齢者の虐待の発生等を防止する措置

☐ 次の高齢者の虐待の発生等を防止する措置を講じていない場合に減算
- a　虐待防止のための対策を検討する委員会を定期的に開催しているか
- b　事業所における虐待防止のための指針を整備しているか
- c　虐待防止のための研修を定期的に実施しているか
- d　上記を適切に実施するための担当者を置いているか

1 高齢者の虐待の発生等を防止する措置

- 虐待の発生又はその再発を防止するための措置のうち、**1つでも行われていない場合は、減算**となります。
- 上記の措置を講じていない場合、速やかに改善計画を都道府県知事に提出します。さらに、その事実が生じた月から3ケ月後に、改善計画に基づく改善状況を都道府県知事に報告する必要があります。
- その事実が生じた月の翌月から改善が認められた月までの間、利用者全員について所定単位数から減算することになります。

　➡ 虐待の発生等を防止する措置については、第1章「解説　高齢者の虐待の発生等を防止する措置」42頁を参照

> **ポイント** 運営指導で虐待発生等の防止措置の未実施が発覚した場合
>
> 　運営指導で未実施が発覚した場合には、過去に遡及して減算を適用することはできず、発見した日の属する月が「事実が生じた月」となり、改善計画の提出の有無にかかわらず、事実が生じた月の翌月から減算が適用されます。減算は、施設・事業所から改善計画が提出されて、事実が生じた月から3ケ月以降に改善計画に基づく改善が認められた月まで継続されます。

(3) 業務継続計画未策定減算

　業務継続計画を策定していない事業所に対する減算です。令和7年4月1日から適用されます。

小規模多機能型居宅介護	所定単位数の1%を減算
認知症対応型共同生活介護	所定単位数の3%を減算

〈チェック事項〉

1 業務継続計画の策定

☐ 感染症及び災害発生時における業務継続計画（BCP）を策定しているか

1 業務継続計画の策定

- 感染症あるいは災害発生時のどちらか一方でも業務継続計画（BCP）が未策定の場合、基本報酬が減算されます。なお、BCPの周知、研修、訓練、見直しの未実施については、減算の対象にはなりません。
- 業務継続計画が策定されていない場合、その事実が生じた翌月（事実が生じた日が月の初日の場合はその月）から、未策定の状況が解消された月まで、事業所の利用者全員について所定単位数から減算されます。
- 経過措置として、令和7年3月31日までの間、「感染症の予防及びまん延の防止のための指針」及び「非常災害に関する具体的計画」を策定している場合は、本減算が適用されません。
  - ➡ 業務継続計画（BCP）の研修等については、37頁の「ポイント　業務継続計画（BCP）の研修と訓練」を参照

ポイント 運営指導で発覚した場合

運営指導で業務継続計画の未策定が発覚した場合には、「基準を満たさない事実が生じた時点」までさかのぼって減算が適用されます。例えば、令和7年10月の運営指導において業務継続計画の未策定が判明した場合は、令和7年4月から減算の対象となります。

注意！ 策定の義務化は令和6年4月から！

経過措置により本減算の適用は令和7年4月1日からですが、令和7年3月31日までの間は減算にならないという規定はあくまでも介護報酬の算定要件です。運営基準では令和6年4月から策定が義務化されています。そのため、運営指導等において、業務継続計画の未策定が判明した場合でも経過措置の期間は減算にはなりませんが、**運営基準違反に該当する**ために指導対象となります。減算の有無にかかわらず、早期の策定が求められます。

(4) 初期加算

　サービス提供に際して新たに利用を始めた利用者や利用を再開した利用者の状況把握、関係機関への情報収集や連携等の取組みを評価する加算です。1日につき30単位を算定します。

○小規模多機能型居宅介護
〈チェック事項〉

> **1 初期加算**
>
> ☐ 加算の算定が次のいずれかの期間内となっているか
>   a　事業所に登録した日から30日以内
>   b　30日を超える入院後に利用を再開した日から30日以内

1 初期加算

- 本加算は、登録日から30日以内の期間、1日につき所定の単位数を算定します。30日を超える病院等への入院後に利用を再開した場合も同様です。
- 「登録した日」とは、契約を締結した日ではなく、通い・訪問・宿泊のいずれかの**サービスを実際に利用開始した日**です。

○認知症対応型共同生活介護

〈チェック事項〉

1 初期加算

☐ 加算の算定が次のいずれかの期間内となっているか
- a 入居日から30日以内
- b 30日を超える入院後に再入居した日から30日以内

☐ 過去3ケ月間※に事業所に入居した実績がないか
※日常生活自立度のランクⅢ・Ⅳ・Mの利用者の場合は過去1ケ月間

1 初期加算

- 本加算は、入居日から30日以内の期間、1日につき所定の単位数を算定します。30日を超える病院等への入院後に再度入居した場合も同様です。
- 利用者が過去3ケ月間（日常生活自立度のランクⅢ・Ⅳ・Mに該当する場合は過去1ケ月間）に、事業所に入居した実績がない場合に限り算定できます。
- 短期利用認知症対応型共同生活介護の利用者が日を空けることなく引き続き認知症対応型共同生活介護事業所に入居した場合（翌日も含む）は、入居直前の短期利用の利用日数を30日から控除した日数に限り算定できます。

(5) 認知症行動・心理症状緊急対応加算

　認知症高齢者の在宅生活を支援するために、認知症の行動・心理症状が出現したことで在宅での生活が困難になった人の緊急の受入れを評価するものです。7日間を上限に、1日につき200単位を算定します。

〈チェック事項〉

1 算定の対象となる利用者

- 利用者について、認知症の行動・心理症状が認められるため、緊急に短期利用が必要であると医師が判断しているか
- 判断を行った医師名、日付、利用開始に当たっての留意事項等を介護サービス計画書に記録しているか
- 医療機関での対応が必要と判断される場合は、医療機関の紹介、情報提供を行っているか
- 短期利用について、利用者又は家族の同意を得ているか
- 利用者は次に該当していないか
    - a　病院、診療所に入院中の者
    - b　介護保険施設、地域密着型介護老人福祉施設に入院中・入所中の者
    - c　認知症対応型共同生活介護、地域密着型特定施設入居者生活介護、特定施設入居者生活介護、短期入所生活介護、短期入所療養介護、短期利用認知症対応型共同生活介護、短期利用特定施設入居者生活介護、地域密着型短期利用特定施設入居者生活介護を利用中の者

2 期間

- 医師が判断した当日又はその次の日から利用を開始しているか
- 入居開始日から7日を限度として算定しているか

1 算定の対象となる利用者

- 「認知症の行動・心理症状」とは、認知症による認知機能の障害に伴う、妄想・幻覚・興奮・暴言等の症状のことです。
- 認知症の行動・心理症状が認められるため、在宅での生活が困難であり、緊急に短期利用が必要と医師が判断した利用者を、介護支援専門員と受入事業所の職員が連携して受け入れた場合に算定します。その際には、利用者又は家族の同意が必要です。
- 医療機関での対応が必要と判断される場合は、**速やかに適当な医療機関を紹介し、情報を提供する**など、適切な医療が受けられるように取り計らう必要があります。
- 判断を行った医師は、診療録等に症状、判断の内容等を記録します。事業所は、判断を行った医師名、日付、利用開始に当たっての留意事項等を介護サービス計画書に記録します。

2 期間

- 本加算を算定できるのは、医師が判断した当日又はその次の日に利用を開始した場合に限ります。
- 入居を開始した日から7日を限度として算定します。利用開始後8日目以降、通常の短期利用認知症対応型共同生活介護としての利用を継続することもできます。
- 後日の入居予定があり、その入居予定日前に緊急に入居した場合、入居予定期間と緊急入居の期間が重なっていても7日分の算定が可能です。しかし、入居予定日当日に、予定していた事業所に認知症の行動・心理症状で入居した場合は算定できません。

(6) 若年性認知症利用者受入加算

若年性認知症の利用者を受け入れ、個別に担当者を定めた上で、利用者の特性やニーズに応じたサービスの提供を評価するものです。

小規模多機能型居宅介護	1月につき 800 単位を加算
認知症対応型共同生活介護	1日につき 120 単位を加算

〈チェック事項〉

1 対象者

☐ 対象者は次のいずれにも該当しているか
- a 若年性認知症の診断を受けている
- b 第2号被保険者である

2 サービスの提供

☐ 若年性認知症の利用者ごとに個別に担当者を定めているか
☐ 担当者中心に利用者の特性やニーズに応じたサービスを提供しているか

3 他加算との関係

☐ 次の加算を算定していないか
  ☐ 小規模多機能型居宅介護　　：認知症加算
  ☐ 認知症対応型共同生活介護：認知症行動・心理症状緊急対応加算

1 対象者

- 本加算は、若年性認知症の利用者に対して小規模多機能型居宅介護・認知症対応型共同生活介護を行った場合に算定します。
- 利用者の **65 歳の誕生日の前々日まで**が算定対象です。月単位の報酬が設定されている小規模多機能型居宅介護の場合は、65 歳の誕生日の前々日が含まれる月までは月単位の加算が算定可能です。

2 サービスの提供

- 担当者は事業所の介護従業者の中から定めますが、人数や資格等の要件は問われません。

3 他加算との関係

- 小規模多機能型居宅介護では認知症加算を、認知症対応型共同生活介護では認知症行動・心理症状緊急対応加算を算定している場合は、本加算は算定できません。

(7) 生活機能向上連携加算

　外部のリハビリテーション専門職が利用者の生活機能の向上を目的とした計画作成等に関わり、計画に基づいたサービスを提供した場合に算定します。

生活機能向上連携加算（Ⅰ）	1月につき100単位を加算（初回月のみ）
生活機能向上連携加算（Ⅱ）	1月につき200単位を加算

〈チェック事項〉

1 生活機能向上連携加算（Ⅰ）

☐ 介護支援専門員（小規模多機能型居宅介護）、計画作成担当者（認知症対応型共同生活介護）が、外部の理学療法士等の助言に基づいて生活機能向上を目的とした小規模多機能型居宅介護計画／認知症対応型共同生活介護計画を作成しているか
☐ 計画に基づいてサービスを提供しているか
☐ 計画に、生活機能アセスメントの結果のほか、必要事項を記載しているか
☐ 3ケ月後、目標の達成度合いを利用者と理学療法士等に報告しているか
☐ 計画に基づく初回の介護が行われた月に限り算定しているか

2 生活機能向上連携加算（Ⅱ）

＜小規模多機能型居宅介護＞
☐ 次のいずれかの方法により、利用者の身体状況等の把握と改善可能性の評価を行い、生活機能向上を目的とした小規模多機能型居宅介護計画を作成しているか
- a 外部の理学療法士等が利用者宅を訪問する際に介護支援専門員が同行する
- b 外部の理学療法士等と介護支援専門員がそれぞれ利用者宅を訪問した後に共同してカンファレンスを実施する

＜認知症対応型共同生活介護＞
☐ 外部の理学療法士等が事業所を訪問した際に、計画作成担当者が理学療法士等と共同して利用者の身体の状況等の評価を行い、生活機能向上を目的とした認知症対応型共同生活介護計画を作成しているか

＜共通＞
☐ 計画に、生活機能アセスメントの結果のほか、必要事項を記載しているか
☐ 計画に具体的な指標を用いているか
☐ 理学療法士等と連携して、計画に基づいたサービスを提供しているか
☐ 目標の達成度合いを利用者と理学療法士等に報告しているか
☐ 3ケ月を超えて算定していないか
☐ 生活機能向上連携加算（Ⅰ）を算定していないか

1 生活機能向上連携加算（Ⅰ）

- 「外部の理学療法士等」とは、次の施設から派遣された医師、理学療法士、作業療法士又は言語聴覚士のことをいいます。
    a　訪問リハビリテーション事業所
    b　通所リハビリテーション事業所
    c　リハビリテーションを実施している医療提供施設※

    ※医療提供施設は、疾患別リハビリテーションを行っている病院・診療所、介護老人保健施設、介護医療院（病院は、許可病床数200床未満又は半径4km以内に診療所がないもの）

- 計画の作成に当たって、外部の理学療法士等は、利用者宅を訪問せずに、自分の事業所や医療提供施設において又はICTを活用した動画やテレビ電話を用いて、利用者のADL・IADLに関する状況を把握した上で助言をします。ICTを活用する場合は、理学療法士等と介護支援専門員又は計画作成担当員で事前に方法を調整するなど、連携をとりましょう。
- 介護支援専門員又は計画作成担当者は、外部の理学療法士等の助言に基づいて生活機能アセスメントを行った上で、計画を作成（変更）します。計画には助言の内容を記載します。
- 計画には生活機能アセスメントの結果のほか、次の内容を記載します。
    a　利用者が日々の暮らしの中でできる限り自立して行う行為の内容
    b　生活機能アセスメントの結果に基づき、aについての3ケ月をめどとする達成目標
    c　bを達成するために経過的に達成すべき各月の目標
    d　bとcを達成するために介護従業者等が行う介助等の内容
- 計画の達成目標は、利用者の意向と介護支援専門員又は計画作成担当者の意見をふまえて策定しますが、利用者自身が達成度合いを客観視でき、利用者の意欲の向上につながるよう、できるだけ**具体的かつ客観的な指標を用いて設定**します（「ポータブルトイレを1日1回以上利用して、その際に座位を○分以上保持する」など）。
- 本加算は、計画に基づきサービスを提供した初回の月に限って算定できます。助言に基づいて計画を見直した場合も算定できますが、利用者の急性増悪等により計画を見直した場合を除き、サービス提供をした翌月と翌々月は加算を算定できません。

- 3ケ月経過後、目標の達成度合いを利用者と理学療法士等に報告します。再度の助言に基づいて計画を見直した場合には、本加算の算定が可能です。

2 生活機能向上連携加算（Ⅱ）

- 「外部の理学療法士等」については、「1 生活機能向上連携加算（Ⅰ）」（182頁）を参照してください。外部の理学療法士等の派遣については、**事業所間で委託契約書をとりかわしておく**必要があります。
- 外部の理学療法士等が利用者宅又は事業所を訪問する際に介護支援専門員又は計画作成担当者が同行するか、各自が利用者宅を訪問した後に共同してカンファレンスを実施して、利用者のADL・IADLについて現況と改善可能性の評価を共同で行います。その上で、生活機能の向上を目的とした計画を作成します。
- 計画の記載事項と達成目標の設定については、「1 生活機能向上連携加算（Ⅰ）」（182頁）を参照してください。
- 計画に基づき提供された初回のサービスの提供月を含む3ケ月を限度として算定します。3ケ月を超えて算定する場合は、再度計画を見直す必要があります。
- 算定期間中は、各月における目標の達成度合いを利用者と理学療法士等に報告します。必要に応じて、利用者の意向の確認や理学療法士等からの助言を得た上で、利用者のADL・IADLの改善状況と達成目標をふまえた対応を行います。

(8) 口腔・栄養スクリーニング加算

利用者の栄養状態を把握するために、介護職員等が実施する口腔状態のスクリーニングと栄養スクリーニングを評価する加算です。栄養等に関わる加算でありながら、栄養士等の専門職を配置しなくても実施・算定が可能です。6ケ月に1回を限度として、1回につき20単位を算定します。

〈チェック事項〉

1 口腔・栄養スクリーニング加算

- □ 利用開始時及び6ケ月ごとに、事業所の従業者が利用者の口腔状態及び栄養状態について確認を行っているか
- □ 利用者の栄養状態に関する情報を計画作成担当者又は担当介護支援専門員に提供しているか
- □ 加算の算定は6ケ月に1回を限度としているか
- □ 定員超過利用減算、人員基準欠如減算の基準に該当していないか
- □ 利用者が他のサービス事業所において、口腔連携強化加算を算定していないか

1 口腔・栄養スクリーニング加算

● 口腔・栄養スクリーニングの算定に係る口腔状態及び栄養状態に関するスクリーニングは、利用者ごとに行われるケアマネジメントの一環として行われるものです。

- 利用者の口腔・栄養状態の確認は、次の項目について行います。

【口腔スクリーニング】

○小規模多機能型居宅介護

- a 硬いものを避け、やわらかいものを中心に食べる人
- b 入れ歯を使っている人
- c むせやすい人

○認知症対応型共同生活介護

- a 開口ができない人
- b 歯の汚れがある人
- c 舌の汚れがある人
- d 歯肉の腫れ、出血がある人
- e 左右両方の奥歯でしっかりかみしめることができない人
- f むせがある人
- g ぶくぶくうがいができない人
- h 食物のため込み、残留がある人

【栄養スクリーニング】

- a BMIが18.5未満の人
- b 1〜6ケ月間で3％以上の体重減少が認められる人又は基本チェックリスト※のNo.11の項目が「1」に該当する人
- c 血清アルブミン値が3.5g／dl以下である人
- d 食事摂取量が75％以下である人

※「地域支援事業の実施について」（平成18年6月9日老発第0609001号）に規定する基本チェックリスト

- 確認した結果については、利用者の計画作成担当者又は担当介護支援専門員に情報提供します。

注意！ 複数の事業所で算定することはできません！

　　口腔・栄養スクリーニング加算の算定を行う事業所は、サービス担当者会議でケアマネジャー等によって決定された事業所です。原則として、決定された事業者が加算に基づく口腔・栄養スクリーニングを継続的に実施します。

(9) 科学的介護推進体制加算

　LIFE による情報提供とフィードバック情報の活用により、PDCA サイクルを確立させてサービスの質の向上を推進する取組みを評価する加算です。1月につき 40 単位を算定します。

〈チェック事項〉

1 情報の提出・活用

□ 全利用者の情報を LIFE に提出しているか
□ PDCA サイクルによる情報活用の推進を行っているか
□ 質の高いサービスを提供する体制を構築して、サービスの質の向上に努めているか

1 情報の提出・活用

- 原則として、本加算は利用者全員を対象にして、**事業所の利用者全員に算定できる**ものです。
- やむを得ない場合を除いて、事業所の全利用者の情報を LIFE(科学的介護情報システム)により厚生労働省に提出します。
- 事業所は、計画(Plan)、実行(Do)、評価(Check)、改善(Action)のサイクル(PDCA サイクル)によって、質の高いサービスを提供する体制を構築します。また、その更なる向上に努めることが重要です。**情報を厚生労働省に提出するだけでは、加算の算定対象とはなりません**。具体的には、次のような一連の取組みが求められます。

　　Plan： 利用者の心身の状況等に係る基本的な情報に基づき、適切なサービスを提供するためのサービス計画を作成する
　　Do： サービスの提供に当たっては、サービス計画に基づいて、利用者の自立支援や重度化防止に資する介護を実施する

Check：LIFEへの提出情報及びフィードバック情報等も活用し、多職種が共同して、事業所の特性やサービス提供の在り方について検証を行う

Action：検証結果に基づき、利用者のサービス計画を適切に見直し、事業所全体として、サービスの質の更なる向上に努める

● LIFEへの情報提出頻度は次の通りになります。情報は、利用者ごとにa～dの月の翌月10日までに提出します。

　a　加算の算定開始月にサービスを利用している利用者（既利用者）
　　➡　算定の開始月
　b　加算の算定開始月の翌月以降にサービスを開始した利用者（新規利用者）
　　➡　サービス利用の開始月
　c　上記a・bのほか、少なくとも3ケ月に1回
　d　サービス利用の終了月

● 情報を提出すべき月に情報が提出できない場合には、ただちに届出を提出しなければなりません。その場合、情報が提出できないという事実が生じた月のサービス提供分から情報の提出が行われた月の前月までの間については、利用者全員について本加算を算定できません。

> **ポイント** LIFEに情報が提出できない「やむを得ない場合」とは？
>
> 　やむを得ない場合とは、例えば、情報を提出すべき月の中旬に評価を行う予定であったが、緊急で月初に利用者が入院することとなり情報の提出ができなかった場合や、データを入力したがシステムトラブル等により提出ができなかった場合など、利用者単位で情報の提出ができなかった場合があります。
> 　また、提出する情報についても、例えば、全身状態が急速に悪化した利用者で、必須項目である体重等が測定できず、一部の情報しか提出できなかった場合などがあります。このような場合であっても、事業所の利用者全員に加算を算定することは可能です。ただし、情報の提出が困難であった理由について、介護記録等に明記しておく必要があります。

(10) 生産性向上推進体制加算

　見守り機器等の介護機器を導入し、生産性向上ガイドラインに基づいた業務改善を継続的に行うと共に、効果に関するデータ提出を行うこと等を評価する加算です。

生産性向上推進体制加算（Ⅰ）	1月につき 100 単位を加算
生産性向上推進体制加算（Ⅱ）	1月につき 10 単位を加算

〈チェック事項〉

1 生産性向上推進体制加算（Ⅰ）

☐ 生産性向上推進体制加算（Ⅱ）の要件を満たし、（Ⅱ）のデータにより業務改善の取組みによる成果が確認されているか
☐ 見守り機器等の介護機器を複数導入しているか
☐ 職員間の適切な役割分担（いわゆる介護助手の活用等）の取組み等を行っているか
☐ 事業年度ごとに1回、業務改善の取組みによる効果を示すデータの提供（オンラインによる提出）を行っているか

1 生産性向上推進体制加算（Ⅰ）

- 生産性向上に資する取組みを以前から進めている事業所で、生産性向上推進体制加算（Ⅱ）のデータによる業務改善の取組みの成果と同等以上のデータを示すことができる場合には、（Ⅱ）の加算を取得せずに、当初から（Ⅰ）の加算を取得することも可能です。
- 算定開始に当たっては、生産性向上の取組みの成果として、業務の効率化及びケアの質の確保ならびに職員の負担軽減が行われていることの確認が必要となります。具体的には、加算（Ⅱ）の要件となる介護機器の導入後、生産性向上の取組みを3ヶ月以上継続した上で、介護機器導入前後の状況を比較することにより、次の①〜③について成果が確認される必要があります。
  ①利用者の満足度等の評価…本取組みによる悪化が見られない
  ②総業務時間及び当該時間に含まれる超過勤務時間の調査…介護職員の総業務時間及び当該時間に含まれる超過勤務時間が短縮している
  ③年次有給休暇の取得状況の調査…維持又は増加している
- 加算（Ⅰ）と加算（Ⅱ）は同時に算定できません。
- 算定に当たっては、次の①〜③の介護機器をすべて使用する必要があります。
  ①見守り機器（すべての居室に設置）
  ②インカム等の職員間の連絡調整の迅速化に資するICT機器（同一勤務時間帯のすべての介護職員が使用）
  ③介護記録ソフトウェアやスマートフォン等の介護記録の作成の効率化に資するICT機器（複数の機器の連携を含め、データの入力から記録・保存・活用までを一体的に支援するものに限る）
  ※①の機器の運用については、事前に入所者の意向を確認し、その意向に応じ、機器の使用を停止する等の運用は認められます。
- 事業年度ごとに1回、生産性向上の取組みに関する実績として次の事項について、原則としてオンラインにより厚生労働省に当該事項の結果を提出する必要があります。
  ①利用者の満足度等の評価（WHO-5等の調査）
  ②総業務時間及び当該時間に含まれる超過勤務時間の調査
  ③年次有給休暇の取得状況の調査
  ④介護職員の心理的負担等の評価（SRS-18等の調査）
  ⑤機器の導入等による業務時間（直接介護、間接業務、休憩等）の調査（タイムスタディ調査）

2 生産性向上推進体制加算（Ⅱ）

- □ 利用者の安全並びに介護サービスの質の確保及び職員の負担軽減に資する方策を検討するための委員会の開催や必要な安全対策を講じた上で、「介護サービス事業における生産性向上に資するガイドライン」に基づいた改善活動を継続的に行っているか
- □ 見守り機器等の介護機器を１つ以上導入しているか
- □ 事業年度ごとに１回、業務改善の取組みによる効果を示すデータの提供（オンラインによる提出）を行っているか

2 生産性向上推進体制加算（Ⅱ）

- 委員会は、管理者だけでなく、ケアを行う職員を含む幅広い職種やユニットリーダー等が参画するものとし、次の①〜④について必要な検討を行います。
  ① 利用者の安全及びケアの質の確保
  ② 職員の負担の軽減及び勤務状況への配慮
  ③ 介護機器の定期的な点検
  ④ 介護機器等を安全かつ有効に活用するための職員研修
- 委員会は3ケ月に1回以上開催し、これらの実施状況を確認し、ケアを行う職員の意見を尊重しつつ、必要に応じて利用者の安全並びにサービスの質の確保及び職員の負担軽減を図る取組の改善を図る必要があります。
- 算定に当たっては、次の①〜③の介護機器のうち、1つ以上を使用する必要があります。
  ① 見守り機器
  ② インカム等の職員間の連絡調整の迅速化に資するICT機器（同一勤務時間帯のすべての介護職員が使用）
  ③ 介護記録ソフトウェアやスマートフォン等の介護記録の作成の効率化に資するICT機器（複数の機器の連携を含め、データの入力から記録・保存・活用までを一体的に支援するものに限る）
- 事業年度ごとに1回、生産性向上の取組みに関する実績として、次の事項について、原則としてオンラインにより厚生労働に当該事項の結果を提出する必要があります。
  ① 利用者の満足度等の評価（WHO-5等の調査）
  ② 総業務時間及び当該時間に含まれる超過勤務時間の調査
  ③ 年次有給休暇の取得状況の調査

(11) サービス提供体制強化加算

　介護福祉士や一定の勤続年数以上の職員を配置するなど、サービス提供体制を整備した事業所を評価する加算です。体制のレベルによって、単位数が異なります。

○小規模多機能型居宅介護

	小規模多機能型居宅介護 （1月につき）	短期利用居宅介護 （1日につき）
サービス提供体制強化加算（Ⅰ）	750 単位	25 単位
サービス提供体制強化加算（Ⅱ）	640 単位	21 単位
サービス提供体制強化加算（Ⅲ）	350 単位	12 単位

〈チェック事項〉

1 職員の配置等

- ☐ 次の人員を確保した体制になっているか
  - ☐ サービス提供体制強化加算（Ⅰ）
    次のいずれかに該当
    - ・介護従業者（看護師・准看護師を除く）の総数のうち、介護福祉士の割合が70％以上
    - ・介護従業者（看護師・准看護師を除く）の総数のうち、勤続10年以上の介護福祉士の割合が25％以上
  - ☐ サービス提供体制強化加算（Ⅱ）
    - ・介護従業者（看護師・准看護師を除く）の総数のうち、介護福祉士の割合が50％以上
  - ☐ サービス提供体制強化加算（Ⅲ）
    次のいずれかに該当
    - ・介護従業者（看護師・准看護師を除く）の総数のうち、介護福祉士の割合が40％以上
    - ・介護従業者の総数のうち、常勤職員の割合が60％以上
    - ・介護従業者の総数のうち、勤続7年以上の者の割合が30％以上

- ☐ 定員超過利用減算・人員基準欠如減算の要件に該当していないか
- ☐ 他のサービス提供体制強化加算を算定していないか

1 職員の配置等

- 職員の割合の算出に当たっては、常勤換算方法で算出した前年度（3月を除く）の平均を用います。
- 前年度の実績が6ケ月に満たない事業所は、常勤換算方法で算出した届出月の前3ケ月の平均を用います。したがって、新たに事業を開始又は再開した場合は、4ケ月目以降に届出が可能です。届出を行った月以降も、直近3ケ月間の職員の割合について、**毎月継続的に所定の割合を維持しなければなりません**。その割合は毎月記録して、所定の割合を下回った場合は、ただちに加算を算定しない旨の届出を提出します。
- 介護福祉士は、各月の前月末日時点で資格を取得している者が対象です。
- 勤続年数は、各月の前月の末日時点における勤続年数をいいます。具体的には、令和6年4月における勤続7年以上の者とは、同年3月31日時点で勤続年数が7年以上である者です。勤続年数の計算は、事業所における勤務年数に加えて、同一法人等の経営する他の介護サービス事業所、病院、社会福祉施設等においてサービスを利用者に直接提供する介護職員として勤務した年数を含めることができます。事業所の合併又は別法人による事業の承継の場合で、事業所の職員に変更がないなど、事業所が実質的に継続して運営していると認められる場合の勤続年数は通算することができます。また、同一法人のほか、法人の代表者等が同一で、採用や人事異動、研修が一体として行われる等、職員の労務管理を複数法人で一体的に行っている場合も含まれます。
- サービス提供体制強化加算（Ⅰ）〜（Ⅲ）は重複して算定することができません。

2 職員研修・会議等

- □ 事業所の全従業者に対し、従業者ごとに研修計画を作成し、研修を実施又は実施を予定しているか
- □ 利用者に関する情報や留意事項の伝達又は従業者への技術指導を目的とした会議を月1回以上開催しているか

2 職員研修・会議等

- 研修計画は、従業者一人ひとりについて個別具体的な研修の目標、内容、研修期間、実施時期等を定めた計画を策定します。
- 「利用者に関する情報や留意事項の伝達又は従業者への技術指導を目的とした会議」には、事業所の全従業者が参加しなければなりません。全員が一堂に会する会議ではなく、いくつかのグループに分けて開催してもかまいません。
- 「利用者に関する情報や留意事項」とは、少なくとも、次に掲げる事項について、その変化の動向を含め、記載しなければならないものとなっています。
  - a 利用者のADLや意欲
  - b 利用者の主な訴えやサービス提供時の特段の要望
  - c 家庭環境
  - d 前回のサービス提供時の状況
  - e その他サービス提供に当たって必要な事項
- 会議は、おおむね月1回以上、定期的に開催する必要があります。開催状況については、その概要を記録しておきましょう。

○認知症対応型共同生活介護

	認知症対応型共同生活介護（1日につき）
サービス提供体制強化加算（Ⅰ）	22単位
サービス提供体制強化加算（Ⅱ）	18単位
サービス提供体制強化加算（Ⅲ）	6単位

〈チェック事項〉

1 職員の配置等

☐ 次の人員を確保した体制になっているか
　☐ サービス提供体制強化加算（Ⅰ）
　　次のいずれかに該当
　　・介護職員の総数のうち、介護福祉士の割合が70％以上
　　・介護職員の総数のうち、勤続10年以上の介護福祉士の割合が25％以上
　☐ サービス提供体制強化加算（Ⅱ）
　　・介護職員の総数のうち、介護福祉士の割合が60％以上
　☐ サービス提供体制強化加算（Ⅲ）
　　次のいずれかに該当
　　・介護職員の総数のうち、介護福祉士の割合が50％以上
　　・看護・介護職員の総数のうち、常勤職員の割合が75％以上
　　・サービスを直接提供する職員の総数のうち、勤続7年以上の者の割合が30％以上
☐ 定員超過利用減算・人員基準欠如減算の要件に該当していないか
☐ 他のサービス提供体制強化加算を算定していないか

1 職員の配置等

● 「サービスを直接提供する職員」とは、介護従業者として勤務を行う職員を指します。その他の事項については、小規模多機能型居宅介護の「1 職員の配置等」（193頁）を参照してください。

第 2 章　介護報酬の算定要件

(12) 介護職員等処遇改善加算

　介護職員の賃金の改善等を実施している事業所に対する加算です（1月につき）。介護現場で働く職員にとって令和6年度に2.5％、令和7年度に2.0％のベースアップへとつながるよう、処遇改善のための旧3加算（介護職員処遇改善加算・介護職員等特定処遇改善加算・介護職員等ベースアップ等支援加算）を一本化した形で、令和6年度に新設されました。

➡ 令和6・7年度のベースアップについては、「解説　令和6・7年度のベースアップについて」205頁を参照

	小規模多機能型居宅介護	認知症対応型共同生活介護
介護職員等処遇改善加算（Ⅰ）	14.9％	18.6％
介護職員等処遇改善加算（Ⅱ）	14.6％	17.8％
介護職員等処遇改善加算（Ⅲ）	13.4％	15.5％
介護職員等処遇改善加算（Ⅳ）	10.6％	12.5％

※1月当たりの総単位数に乗じる加算率
※令和6年度中の経過措置として介護職員等処遇改善加算（Ⅴ）あり

➡ 加算（Ⅴ）については、「解説　介護職員等処遇改善加算（Ⅴ）」206頁を参照

〈チェック事項〉

1 月額賃金改善要件

☐ 処遇改善計画の賃金改善は、次の要件を満たしているか
【月額賃金改善要件Ⅰ】※
　☐ 加算（Ⅳ）相当の加算額の2分の1以上を、月給（基本給又は決まって毎月支払われる手当）の改善に充てる
【月額賃金改善要件Ⅱ】旧ベースアップ等支援加算未算定の場合のみ
　☐ 前年度と比較して、旧ベースアップ等支援加算相当の加算額の3分の2以上の新たな基本給等の改善（月給の引上げ）を行う
※月額賃金改善要件Ⅰについては令和7年度から適用

1 月額賃金改善要件

【月額賃金改善要件Ⅰ】
● 加算（Ⅰ）～（Ⅳ）のいずれを算定する場合でも、加算（Ⅳ）の加算額の2分

の 1 以上を基本給又は決まって毎月支払われる手当とすることが必要です。
- この時に、賃金総額を新たに増加させる必要はありません。手当や一時金としている賃金改善の一部を減額して、その分を基本給等に付け替えることでも要件を満たします。
- すでに要件を満たしている事業所は、新規の取組みを行う必要はありません。ただし、新規の基本給等の引上げを行う場合には、基本給等の引上げはベースアップにより行うことが基本となります。
- この要件は**令和6年度中は猶予され、令和7年度から適用**されます。

【月額賃金改善要件Ⅱ】 旧ベースアップ等支援加算未算定の場合のみ
- 令和6年5月31日時点で旧処遇改善加算を算定しており、かつ、旧ベースアップ等支援加算は未算定の事業所が、新規に加算（Ⅰ）～（Ⅳ）を算定する場合の要件です。
- 旧ベースアップ等支援加算を算定する場合に見込まれる加算額の3分の2以上の基本給等の引上げを新規に実施しなければなりません。
- 基本給等の引上げはベースアップにより行うことが基本となります。
- 次の事業所については、この要件の適用を受けません。
  a　令和6年5月以前に旧3加算を算定していなかった事業所
  b　令和6年6月以降に開設された事業所

> **ポイント▶旧ベア加算から月給改善額の要件が変更に**
>
> 　本加算で月給改善として求められる要件は、旧ベースアップ等支援加算の算定要件「加算総額の3分の2以上を月給の改善に充てる」とは異なり、「加算（Ⅳ）の算定率で計算した加算総額の2分の1以上を月給の改善に充てる」というものです。
> 　この要件は令和7年度から適用されるため、令和6年度中は旧ベースアップ等支援加算と支援補助金で設定した月給改善額を維持することになります。また、旧ベースアップ等支援加算を算定していなかった場合は、令和6年度中は、同旧加算を算定した場合の加算額の3分の2以上を月給改善額として設定することになります。

> **ポイント** 賃金改善の実施についての基本的な考え方

　賃金改善は、基本給、手当、賞与等のうち対象とする項目を特定した上で行います。この場合、賃金水準を低下させてはなりません。また、基本給による賃金改善が望ましいとされています。

　令和6年度に、令和5年度と比較して増加した加算額については、増加分に相当する介護職員その他の職員の賃金改善を新規に実施しなければなりません。その際、新規に実施する賃金改善は、ベースアップにより行うことが基本とされています。

　配分については、事業者の判断で、介護職員以外の職種への配分も含め、事業所内で柔軟な配分が可能です。ただし、一部の職員に加算を原資とする賃金改善を集中させることや、法人内の一部の事業所のみに賃金改善を集中させるなど、職務の内容や勤務の実態に見合わない著しく偏った配分はNGとされています。

> **ポイント** 月給改善額はベースアップが基本！

　本加算で求められている月額改善額は**ベースアップが基本**とされています。ベースアップとは、賃金表の改定により基本給や手当の水準を一律に引き上げることです。

　例外としては、令和6年度介護報酬改定をふまえて、賃金体系の見直しの途上である場合などが示されています。そのような場合に、ベースアップのみでの賃金改善ができなければ、その他の手当や一時金等を組み合わせて実施してもよいとされています。

2 キャリアパス要件

【加算Ⅰ】☐ キャリアパス要件Ⅰ・Ⅱ・Ⅲ・Ⅳ・Ⅴを満たしているか
【加算Ⅱ】☐ キャリアパス要件Ⅰ・Ⅱ・Ⅲ・Ⅳを満たしているか
【加算Ⅲ】☐ キャリアパス要件Ⅰ・Ⅱ・Ⅲを満たしているか
【加算Ⅳ】☐ キャリアパス要件Ⅰ・Ⅱを満たしているか

〈キャリアパス要件〉
Ⅰ（任用要件・賃金体系）※：任用の際に職責又は職務内容等の要件（賃金を含む）を就業規則等の書面で整備している
Ⅱ（研修の実施等）※：資質向上の支援について具体的な計画を策定し、計画に沿って研修を実施又は研修の機会を確保している
Ⅲ（昇給の仕組み）※：経験や資格等に応じて昇給する仕組み又は一定の基準により定期に昇給を判定する仕組みを設けている
Ⅳ（改善後の賃金額）：経験・技能のある介護職員のうち１人は、賃金改善後の賃金見込額が年額440万円以上である
Ⅴ（介護福祉士等の配置）：サービス提供体制強化加算（Ⅰ）又は（Ⅱ）のいずれかを届け出ている
Ⅰ～Ⅲは根拠規程を書面で整備の上、すべての介護職員に周知が必要
※キャリアパス要件Ⅰ・Ⅱ・Ⅲについては令和７年度から適用

2 キャリアパス要件

● キャリアパス要件とは、賃金体系や研修、昇給の仕組みの整備など、介護職員のキャリアアップを目的として設置された要件です。加算（Ⅰ）～（Ⅳ）には算定要件にキャリアパス要件が定められており、これを満たすことがポイントです。算定する加算によって、満たさなければならない項目が異なります。

➡ キャリアパス要件の詳細は、「解説　キャリアパス要件」208頁を参照

3 職場環境等要件

☐ 給与以外の処遇改善（職場環境等要件）を次の通り実施しているか

【加算（Ⅰ）・（Ⅱ）】 ☐ 区分ごとにそれぞれ２つ以上取り組む
（「生産性向上のための取組」は３つ以上、うち一部は必須）

【加算（Ⅲ）・（Ⅳ）】 ☐ 区分ごとにそれぞれ１つ以上取り組む
（「生産性向上のための取組」は２つ以上）

〈区分〉

入職促進に向けた取組（①〜④）
資質の向上やキャリアアップに向けた支援（⑤〜⑧）
両立支援・多様な働き方の推進（⑨〜⑫）
腰痛を含む心身の健康管理（⑬〜⑯）
生産性向上（業務改善及び働く環境改善）のための取組（⑰〜㉔）
やりがい・働きがいの醸成（㉕〜㉘）

☐ 本加算の算定状況と職場環境等要件に基づく取組みについて、ホームページへの掲載等により公表しているか【加算（Ⅰ）・（Ⅱ）のみ】

※職場環境等要件は令和７年度から適用

3 職場環境等要件

- 本加算の算定には、職場環境等要件を実施して報告することが必要です。職場環境等要件とは、賃金改善以外の職場環境などの改善を推進することを目的に設置された要件で、具体的に取り組む内容が①から㉘まで設定され、６つの区分に分かれています。

  ➡ 職場環境等要件の詳細は、「解説　職場環境等要件」211頁を参照

- 加算（Ⅰ）・（Ⅱ）を算定する場合は、６つの区分それぞれから２つ以上、「生産性向上のための取組」の区分では３つ以上の取組みを実施する必要がありますが、そのうち⑰又は⑱は必須です。これらを全介護職員に周知しなければなりません。また、年度内に実施した処遇改善に要した費用を全介護職員に周知することも必要です。

- 小規模事業者※は、㉔の取組みを実施していれば、「生産性向上のための取組」の要件を満たすことができます。

  ※１法人当たり１の施設又は事業所のみを運営するような法人等の小規模事業者

- 加算（Ⅰ）・（Ⅱ）を算定する場合は、本加算の算定状況と職場環境等要件についてホームページ等を活用して公表します。
- 具体的には、介護サービスの情報公表制度を活用して、本加算の算定状況を報告し、実施した職場環境等要件の取組項目と具体的な取組内容を「事業所の特色」欄に記載します。情報公表制度で報告の対象となっていない場合は、自事業所のホームページを活用するなど、外部から見える形で公表します。
- 新たな職場環境等要件は、令和6年度中は適用を猶予され、従来の職場環境等要件が適用されます。

> **ポイント　大きく変わる！職場環境等要件**
>
> 　本加算の新設に当たって、職場環境等要件については、6つの区分のうち「生産性向上のための取組」を重点的に実施すべき内容に改められています。
>
> 　この区分の具体的な取組は、⑰業務改善委員会設置などの体制構築、⑱職場の課題分析など課題の見える化、⑲5S活動等による環境整備、⑳業務マニュアル作成等による作業負担軽減、㉑介護記録ソフト等の導入、㉒見守りセンサーやインカム等のICT機器の導入、㉓介護助手の活用など業務や役割の見直し、㉔各種委員会の共同設置など協働化を通じた環境改善です。
>
> 　職場環境等要件の適用は令和7年度からですが、小規模事業者にはハードルが高いため、特例措置として上記の項目⑰～㉔のうち㉔を行えば、要件をクリアするとされています。

4 加算算定のための各種届出

【体制等状況一覧表】
- [ ] **体制等状況一覧表**を算定開始月の前月 15 日までに提出しているか

【処遇改善計画書】
- [ ] 処遇改善計画書の賃金改善所要見込額が、介護職員等処遇改善加算の見込額を上回る計画となっているか
- [ ] **処遇改善計画書**を事業年度における最初の算定月の前々月の末日までに提出しているか
- [ ] 処遇改善計画書により賃金改善方法を全介護職員に周知しているか
- [ ] 処遇改善計画書の内容に変更があった場合、算定開始月の前月 15 日までに**変更届出書**を提出しているか

【実績報告書】
- [ ] 事業年度ごとの**実績報告書**を最終の加算の支払があった翌々月の末日までに提出しているか

【特別事情届出書】
- [ ] 一時的に賃金水準を引き下げる場合、**特別事情届出書**を提出しているか

5 労働法令の遵守等

- [ ] 過去 12 ケ月間、労働基準法等の違反で罰金以上の刑を受けていないか
- [ ] 労働保険料の納付を適正に行っているか

4 加算算定のための各種届出

【処遇改善計画書】

- 本加算を算定する場合、介護職員の賃金改善に要する費用の見込額が、加算の算定見込額を上回るとする賃金改善に関する処遇改善計画書を策定し、都道府県知事等に届け出ることが必要です。
- 事業年度において初めて新加算等を算定する月の前々月の末日までに、処遇改善計画書を都道府県知事に提出します。
- 処遇改善計画書の内容に変更があった場合は、変更届出書を届け出ます。変更が就業規則の改定のみの場合は、実績報告書を提出する際に変更届出書をあわせて届け出ます。
- 事業所での賃金改善の実施方法は処遇改善計画書を用いて職員に周知すると共に、就業規則等の内容も周知する必要があります。
- 介護職員から賃金改善について照会があった場合は、その職員に対する具体的な賃金改善の内容について、文書などでわかりやすく回答しなければなりません。

【実績報告書】

- 実績報告書は、各事業年度において最終の加算の支払があった月の翌々月の末日までに、都道府県知事等に提出します。例えば令和6年度の提出期日は、令和7年3月分の加算の支払が令和7年5月であることから、通常は令和7年7月31日となります。

【特別事情届出書】

- 経営が悪化して一定期間にわたり収支が赤字で、資金繰りに支障が生じるような場合は、事業を継続させるために、例外的に一時的に賃金水準を引き下げることが認められています。
- 事業の継続を図るために、職員の賃金水準(加算による賃金改善分を除く)を引き下げた上で賃金改善を行う場合には、特別事情届出書を届け出る必要があります。
- 年度を超えて賃金を引き下げる場合は、次年度の加算算定のための届出を行う際に、特別事情届出書を再度提出する必要があります。

> **ポイント** 複数の事業所を運営している場合は事業者単位で作成できる！
>
> 　事業者が複数の介護サービス事業所や施設を運営している場合は、処遇改善計画書・実績報告書を事業者（法人）単位で一括して作成することができます。
> 　その場合は、計画書等をそれぞれの期日までに、各事業所や施設の指定権者である都道府県知事等に届出を行います。提出する処遇改善計画書等の記載事項は、「提出先」の項目以外は同じ内容で問題ありません。

解説　令和6・7年度のベースアップについて

本加算のポイントは、令和6年度に2.5%、令和7年度に2.0%の2期分のベースアップを可能とすることです。本加算の算定率は、2年分の賃上げ分を含んでおり、令和6年6月に移行した段階で算定率は、旧3加算と2月からの支援補助金を合計した加算率より高く設定されています。この増加分は、令和6年6月から前倒しで支給してもよいし、令和7年度に繰り延べて7年度に支給してもよいとされました。

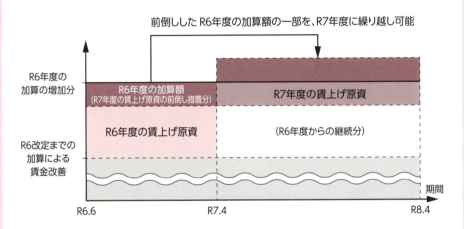

しかし、繰り延べる場合は2つの問題を抱えています。1つ目は、繰り延べて令和7年度に支給した部分については、令和8年度以降の加算では補填されないことです。つまり、令和8年度以降は事業所の負担となります。2つ目は、繰り延べした部分の収益は令和6年度の収入であることです。加算収入に相対する賃金の支給が令和7年度となるために、令和6年度は法人税の課税対象となってしまいます。この税金対策として、厚生労働省は賃上げ促進税制の活用をあげていますが、一般的ではありません。それらを勘案すると、令和6年6月から前倒しでの支給がベストの選択といえるのではないでしょうか。

例外として、法人が毎年、定期昇給を実施している場合には、繰り延べて増額した部分で定期昇給の相当額を補填するのであれば有効です。令和8年度以降は、事業所の負担での支給は想定内ですので、少なくとも令和7年度の昇給分を加算で補填できるメリットは大きいといえます。

第 2 章　介護報酬の算定要件

解説　介護職員等処遇改善加算（Ⅴ）

　加算（Ⅰ）～（Ⅳ）の算定要件を満たすことができないなど、新たな加算にただちに移行できない事業所のため、令和 6 年 6 月から令和 6 年度末までの経過措置区分（激変緩和措置）として、加算（Ⅴ）（1）～（14）が設けられています。
- 加算（Ⅴ）は、旧 3 加算の取得状況に応じた加算率を維持した上で、令和 6 年度の改定による加算率引上げを受けることができるようにするものです。
- 令和 6 年 5 月末日時点で、旧 3 加算のうちいずれかの加算を受けている事業所が取得可能です。
- 加算（Ⅴ）の加算区分は令和 6 年 5 月時点の旧 3 加算の算定状況で決まり、年度中に旧加算の算定要件を満たせなくなった場合は、加算（Ⅴ）の算定ができなくなります。
- 加算の配分方法は、他の加算と同様、介護職員への配分を基本に、特に経験・技能のある職員に重点的に配分しますが、事業所内で柔軟な配分が認められています。
- 算定要件については、以下の表を参照してください。

加算（Ⅴ）の算定要件（旧 3 加算の算定状況）

加算区分	加算率 小規模多機能型居宅介護	加算率 認知症対応型共同生活介護	介護職員処遇改善加算	介護職員等特定処遇改善加算	介護職員等ベースアップ等支援加算
Ⅴ（1）	13.2%	16.3%	Ⅰ	Ⅰ	算定なし
Ⅴ（2）	12.1%	15.6%	Ⅱ	Ⅰ	算定あり
Ⅴ（3）	12.9%	15.5%	Ⅰ	Ⅱ	算定なし
Ⅴ（4）	11.8%	14.8%	Ⅱ	Ⅱ	算定あり
Ⅴ（5）	10.4%	13.3%	Ⅱ	Ⅰ	算定なし
Ⅴ（6）	10.1%	12.5%	Ⅱ	Ⅱ	算定なし
Ⅴ（7）	8.8%	12.0%	Ⅲ	Ⅰ	算定あり
Ⅴ（8）	11.7%	13.2%	Ⅰ	算定なし	算定なし
Ⅴ（9）	8.5%	11.2%	Ⅲ	Ⅱ	算定あり
Ⅴ（10）	7.1%	9.7%	Ⅲ	Ⅰ	算定なし
Ⅴ（11）	8.9%	10.2%	Ⅱ	算定なし	算定なし
Ⅴ（12）	6.8%	8.9%	Ⅲ	Ⅱ	算定なし
Ⅴ（13）	7.3%	8.9%	Ⅲ	算定なし	算定あり
Ⅴ（14）	5.6%	6.6%	Ⅲ	算定なし	算定なし

解説　介護職員等処遇改善加算（Ⅴ）

加算（Ⅴ）の算定要件

加算区分	Ⅴ1	Ⅴ2	Ⅴ3	Ⅴ4	Ⅴ5	Ⅴ6	Ⅴ7	Ⅴ8	Ⅴ9	Ⅴ10	Ⅴ11	Ⅴ12	Ⅴ13	Ⅴ14
① 月額賃金改善要件Ⅰ														
加算Ⅳの1/2以上の月額賃金改善	－	－	－	－	－	－	－	－	－	－	－	－	－	－
② 月額賃金改善要件Ⅱ														
旧ベア加算相当の2/3以上の新規の月額賃金改善	－	－	－	－	－	－	－	－	－	－	－	－	－	－
③ キャリアパス要件Ⅰ														
任用要件・賃金体系の整備等	○	○	○	○	○	○	どちらかを○	○	どちらかを○	どちらかを○	○	どちらかを○	どちらかを○	どちらかを○
④ キャリアパス要件Ⅱ														
研修の実施等	○	○	○	○	○	○		○			○			
⑤ キャリアパス要件Ⅲ														
昇給の仕組みの整備等	○	－	○	－	－	－	－	○	－	－	－	－	－	－
⑥ キャリアパス要件Ⅳ														
改善後の賃金要件（8万円又は440万円1人以上）	○	○	－	－	－	－	－	－	－	－	－	－	－	－
⑦ キャリアパス要件Ⅴ														
介護福祉士等の配置要件	○	○	－	－	－	－	○	－	○	－	○	－	－	－
⑧ 職場環境等要件														
職場環境全体で1	－	－	－	－	－	－	○	－	－	○	－	○	○	○
職場環境区分ごと1	○	○	○	○	○	○	－	○	○	－	○	－	－	－
HP掲載等を通じた見える化	○	○	○	○	○	○	○	○	○	○	○	－	－	－

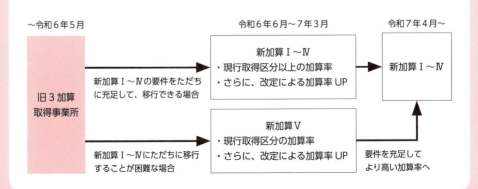

解説　キャリアパス要件

キャリアパス要件Ⅰ（任用要件・賃金体系の整備等）
次の①～③をすべて満たすことが必要です。
① 介護職員の任用の際の職位、職責、職務内容等に応じた任用等の要件（賃金に関するものを含む）を定めている

　一般職員、班長、主任など、介護職員が上れる階段を設ければよく、該当者がいない場合は空き職種でも、その仕組みがあれば問題ありません。

② 上記①の職位、職責、職務内容等に応じた賃金体系（一時金等の臨時的に支払われるものを除く）を定めている

　必ずしも厳密な賃金規程は必要なく、各階段での給与のめやすの金額がわかる状態であれば問題ありません。

③ 上記①・②の内容について就業規則等の明確な根拠規程を書面で整備し、全介護職員に周知している

　新入職員も含めた全職員に周知していることが必要です。ただし、常時雇用者数が10人未満の事業所など、労働法規上の就業規則の作成義務がない事業所は、就業規則の代わりに内規等を整備して周知していれば、要件を満たすことができます。

キャリアパス要件Ⅱ（研修の実施等）
次の①・②を満たすことが必要です。
① 介護職員の職務内容等をふまえ、介護職員と意見を交換しながら、資質向上の目標と、次の**a**又は**b**に関する具体的な計画を策定し、計画に係る研修の実施又は研修の機会を確保している

　a 資質向上の計画に沿って、研修機会の提供又は技術指導等（OJT、OFF-JT等）の実施、介護職員の能力評価を行う

　b 資格取得のための支援（研修のための勤務シフトの調整、休暇の付与、費用の援助等）を実施する

　意見の交換は、さまざまな方法（例えば、対面に加え、労働組合との意見交換、メール等による意見募集など）でできる限り多くの介護職員の意見を聴く機会を設けるように配慮することが望ましいとされています。

　「資質向上の目標」とは、運営状況や介護職員のキャリア志向等をふまえ設定しますが、一例として、次のようなものが考えられます。

・利用者のニーズに応じた良質なサービスを提供するために、介護職員が技術・能力（例：

介護技術、コミュニケーション能力、協調性、問題解決能力、マネジメント能力等）の向上に努めること
・事業所全体での資格等（例：介護福祉士、介護職員基礎研修、訪問介護員研修等）の取得率の向上
② 上記①について、全介護職員に周知している

キャリアパス要件Ⅲ（昇給の仕組みの整備等）

　次の①・②を満たすことが必要です。
① 介護職員について、経験や資格等に応じて昇給する仕組み又は一定の基準に基づき定期に昇給を判定する仕組みを設けている
　　具体的には、次のa～cのいずれかに該当するもの
　a　経験に応じて昇給する仕組み
　　「勤続年数」や「経験年数」などに応じて昇給する仕組みです（例えば、職員の勤務年数が3年未満は一般職員、3～6年は班長、6年超は主任に昇進するなど）。
　b　資格等に応じて昇給する仕組み
　　介護福祉士等の資格取得や実務者研修等の修了状況に応じて昇給する仕組みです。別法人等で資格を取得した後に就業した場合でも昇給できる仕組みとする必要があります。例えば、介護職員を対象に介護福祉士手当、特定介護福祉士手当、社会福祉士手当などを複数設けて、資格をとると昇給する仕組みでもよく、この場合の手当の金額に定めはありません。また、該当する職員がいない場合は手当を支給する必要はありません。
　c　一定の基準に基づき定期に昇給を判定する仕組み
　　「実技試験」や「人事評価」などの結果に基づいて昇給する仕組みです。客観的な評価基準や昇給条件が明文化されている必要があります（例えば、班長試験や主任試験などの昇進試験を設けて、合格すると昇進するなど）。
② 上記①の内容について、就業規則等の明確な根拠規程を書面で整備し、全介護職員に周知している

キャリアパス要件Ⅳ（改善後の年額賃金要件）

　経験・技能のある介護職員（経験10年以上の介護福祉士資格者）のうち1人以上は、賃金改善後の年収が440万円以上であること。
　すでに該当者がいる場合は、新たに設ける必要はありません。
　次のように賃金改善が困難で合理的な理由がある場合は、例外措置として設けなくてもよいとされています。

・小規模事業所等で加算額全体が少額である場合
・職員全体の賃金水準が低い事業所などで、ただちに1人の賃金を引き上げることが困難な場合

令和6年度中は、旧特定処遇改善加算同様に、賃金改善額が月額平均8万円以上の職員を置くことでも上記の要件を満たしますが、令和7年度からは廃止されます。

キャリアパス要件Ⅴ（介護福祉士等の配置要件）

一定以上の介護福祉士等を配置していることが要件です。

具体的には、サービス提供体制強化加算（Ⅰ）又は（Ⅱ）のいずれかの届出を行っている必要があります。

> **注意！** ▶ 算定要件が簡素化　廃止されたルールに注意！
>
> 令和6年に新設された本加算の算定区分は、これまでの旧3加算より、算定要件がかなり簡素化されています。大きな変更点の1つは、旧特定処遇改善加算（Ⅱ）の算定要件である、全職員をA～Cのグループに振り分け、Cグループ（介護職員以外の職種）への支給はBグループ（その他の介護職員）の賃金改善額の2分の1以下とする、**いわゆる「2分の1ルール」が廃止**されたことです。また、Cグループ対象者の年収を440万円以下とする所得制限も撤廃されています。
>
> 旧特定処遇改善加算（Ⅱ）の算定要件で残ったのは、「経験10年以上で介護福祉士資格をもつ介護職員の中から、1人以上を年収440万円以上にする」という要件のみです。しかし、同旧加算で認められていた**「又は月額8万円以上の昇給」という要件は令和7年度から廃止される**ため、本加算で加算（Ⅰ）・（Ⅱ）を算定する場合には、年収440万円以上の者を設定できないと、加算（Ⅲ）以下にランクダウンするので注意が必要です。

解説　職場環境等要件

加算（Ⅰ）・（Ⅱ）：区分ごとにそれぞれ２つ以上（「生産性向上のための取組」は３つ以上、うち⑰又は⑱は必須※）取り組んでいる

加算（Ⅲ）・（Ⅳ）：区分ごとにそれぞれ１つ以上（「生産性向上のための取組」は２つ以上※）取り組んでいる

※小規模事業者（１法人当たり１の施設又は事業所のみを運営する法人等）は、㉔を実施していれば「生産性向上のための取組」の要件を満たします。

区分	内容
入職促進に向けた取組	①法人や事業所の経営理念やケア方針・人材育成方針、その実現のための施策・仕組みなどの明確化 ②事業者の共同による採用・人事ローテーション・研修のための制度構築 ③他産業からの転職者、主婦層、中高年齢者等、経験者・有資格者等にこだわらない幅広い採用の仕組みの構築（採用の実績でも可） ④職業体験の受入れや地域行事への参加や主催等による職業魅力度向上の取組の実施
資質の向上やキャリアアップに向けた支援	⑤働きながら介護福祉士取得を目指す者に対する実務者研修受講支援や、より専門性の高い介護技術を取得しようとする者に対するユニットリーダー研修、ファーストステップ研修、喀痰吸引、認知症ケア、サービス提供責任者研修、中堅職員に対するマネジメント研修の受講支援等 ⑥研修の受講やキャリア段位制度と人事考課との連動 ⑦エルダー・メンター（仕事やメンタル面のサポート等をする担当者）制度等導入 ⑧上位者・担当者等によるキャリア面談など、キャリアアップ・働き方等に関する定期的な相談の機会の確保
両立支援・多様な働き方の推進	⑨子育てや家族等の介護等と仕事の両立を目指す者のための休業制度等の充実、事業所内託児施設の整備 ⑩職員の事情等の状況に応じた勤務シフトや短時間正規職員制度の導入、職員の希望に即した非正規職員から正規職員への転換の制度等の整備 ⑪有給休暇を取得しやすい雰囲気・意識作りのため、具体的な取得目標（例えば、１週間以上の休暇を年に●回取得、付与日数のうち●％以上を取得）を定めた上で、取得状況を定期的に確認し、身近な上司等からの積極的な声かけを行っている ⑫有給休暇の取得促進のため、情報共有や複数担当制等により、業務の属人化の解消、業務配分の偏りの解消を行っている
腰痛を含む心身の健康管理	⑬業務や福利厚生制度、メンタルヘルス等の職員相談窓口の設置等相談体制の充実

	⑭短時間勤務労働者等も受診可能な健康診断・ストレスチェックや、従業者のための休憩室の設置等健康管理対策の実施 ⑮介護職員の身体の負担軽減のための介護技術の修得支援、職員に対する腰痛対策の研修、管理者に対する雇用管理改善の研修等の実施 ⑯事故・トラブルへの対応マニュアル等の作成等の体制の整備
生産性向上（業務改善及び働く環境改善）のための取組	⑰厚生労働省が示している「生産性向上ガイドライン」に基づき、業務改善活動の体制構築（委員会やプロジェクトチームの立ち上げ又は外部の研修会の活用等）を行っている ⑱現場の課題の見える化（課題の抽出、課題の構造化、業務時間調査の実施等）を実施している ⑲5S活動（業務管理の手法のひとつ。整理・整頓・清掃・清潔・しつけの頭文字をとったもの）等の実践による職場環境の整備を行っている ⑳業務手順書の作成や、記録・報告様式の工夫等による情報共有や作業負担の軽減を行っている ㉑介護ソフト（記録、情報共有、請求業務転記が不要なもの）、情報端末（タブレット端末、スマートフォン端末等）の導入 ㉒介護ロボット（見守り支援、移乗支援、移動支援、排泄支援、入浴支援、介護業務支援等）又はインカム等の職員間の連絡調整の迅速化に資するICT機器（ビジネスチャットツール含む）の導入 ㉓業務内容の明確化と役割分担を行い、介護職員がケアに集中できる環境を整備。特に、間接業務（食事等の準備や片付け、清掃、ベッドメイク、ゴミ捨て等）がある場合は、いわゆる介護助手等の活用や外注等で担うなど、役割の見直しやシフトの組み換え等を行う ㉔各種委員会の共同設置、各種指針・計画の共同策定、物品の共同購入等の事務処理部門の集約、共同で行うICTインフラの整備、人事管理システムや福利厚生システム等の共通化等、協働化を通じた職場環境の改善に向けた取組の実施 ※生産性向上体制推進加算を取得している場合には、「生産性向上（業務改善及び働く環境改善）のための取組」の要件を満たすものとする ※小規模事業者は、㉔の取組を実施していれば、「生産性向上（業務改善及び働く環境改善）のための取組」の要件を満たすものとする
やりがい・働きがいの醸成	㉕ミーティング等による職場内コミュニケーションの円滑化による個々の介護職員の気づきをふまえた勤務環境やケア内容の改善 ㉖地域包括ケアの一員としてのモチベーション向上に資する、地域の児童・生徒や住民との交流の実施 ㉗利用者本位のケア方針など介護保険や法人の理念等を定期的に学ぶ機会の提供 ㉘ケアの好事例や、利用者やその家族からの謝意等の情報を共有する機会の提供

※令和7年度から適用（令和6年度はこれまでの職場環境要件を適用）

参考　認知症高齢者の日常生活自立度判定基準

ランク	判定基準	見られる症状・行動の例
Ⅰ	何らかの認知症を有するが日常生活は家庭内及び社会的にほぼ自立している。	
Ⅱ	日常生活に支障を来すような症状・行動や意思疎通の困難さが多少見られても、誰かが注意していれば自立できる。	
Ⅱa	家庭外で上記Ⅱの状態が見られる。	たびたび道に迷うとか、買物や事務、金銭管理などそれまでできたことにミスが目立つ等
Ⅱb	家庭内でも上記Ⅱの状態が見られる。	服薬管理ができない、電話の応対や訪問者との応対など一人で留守番ができない等
Ⅲ	日常生活に支障を来すような症状・行動や意思疎通の困難さが時々見られ、介護を必要とする。	
Ⅲa	日中を中心として上記Ⅲの状態が見られる。	着替え、食事、排便・排尿が上手にできない・時間がかかる やたらに物を口に入れる、物を拾い集める、徘徊、失禁、大声・奇声を上げる、火の不始末、不潔行為、性的異常行為等
Ⅲb	夜間を中心として上記Ⅲの状態が見られる。	ランクⅢaに同じ
Ⅳ	日常生活に支障を来すような症状・行動や意思疎通の困難さが頻繁に見られ、常に介護を必要とする。	ランクⅢに同じ
M	著しい精神症状や周辺症状あるいは重篤な身体疾患が見られ、専門医療を必要とする。	せん妄、妄想、興奮、自傷・他害等の精神症状や精神症状に起因する問題行動が継続する状態等

出典:「認知症高齢者の日常生活自立度判定基準」の活用について（平成5年10月26日老健第135号）厚生省老人保健福祉局長通知

第3章

【共通】介護保険外の料金、サービスとの関係

(1) その他の日常生活費

　介護サービスの利用料とは別に利用者から支払ってもらうリハビリパンツ代やレクリエーション費用などは「その他の日常生活費」といいます。その他の日常生活費の請求については、さまざまな基準があり、この基準を満たしていないと、運営指導で返還指導となります。

〈チェック事項〉

1 その他の日常生活費の範囲

- □ 次のどちらかに該当するか
  - ● 身の回り品として日常生活に必要なもの
  - ● 教養娯楽として日常生活に必要なもの
- □ 利用者が共有で使うものについて請求していないか

2 請求方法・金額

- □ 重要事項説明書に料金表があるか
- □ 事前に説明して同意を得ているか
- □ 「お世話料」など曖昧な名目で請求していないか
- □ 1回ごとの請求になっており、月額で請求していないか
- □ 請求金額は実費相当で利益を乗せていないか

注意！ 入浴時のシャンプーやせっけん、タオル等の費用を利用者全員から一律に「身の回りの費用」として徴収していませんか？

　すべての利用者に対して一律に提供するものについては、その他日常生活費として徴収することはできません。入浴に通常付随する費用は、入浴介助加算の報酬に含まれていると考えられます。また、利用者の希望の有無だけで判断するものではありません。例えば、利用者が希望しないからといってタオルを使用しないなどといったことは認められません。

1 その他の日常生活費の範囲

- その他の日常生活費は、日常生活で通常必要となるものの費用です。具体的な範囲としては、次のいずれかに該当するものです。

    a 身の回りの品の費用：利用者の希望で、身の回り品として日常生活に必要なものを事業者が提供する場合にかかる費用
    （具体例：一般的に要介護者等の日常生活に必要と考えられる物品（例えば、歯ブラシや化粧品等の個人用の日用品等））

    b 教養娯楽費：利用者の希望で、教養娯楽として日常生活に必要なものを事業者が提供する場合にかかる費用
    （具体例：サービス提供の一環として実施するクラブ活動や行事における材料費等）

- 利用者が共通、共有で使うものの費用は基本報酬に含まれていると考えられるため、「その他の日常生活費」として請求できません。例えば、利用者がサービス提供時間内に購読する新聞や雑誌などの共通の経費は、基本報酬に含まれているために個別に請求はできません。夏場の冷房費や冬場の燃料代も同様の扱いになります。その他の日常生活費で請求できるものは、**その利用者だけが必要とするものに限られます**。

2 請求方法・金額

- 日常生活費は「1ケ月1,500円」などの**定額での一括請求は認められません**。各々の費用の実費相当分とした料金表を作成して、事前に利用者への説明同意を得た上で、実際に使用した分を請求します。

> **注意！** 利用者全員が参加する機能訓練で使用する材料費について、利用者から一律に徴収していませんか？
>
> すべての利用者に対して一律に提供するものについては、その他日常生活費として徴収することはできません。このような費用は、小規模多機能型居宅介護費の本体報酬に含まれていると考えられます。

(2) 高齢者住宅併設の場合

　小規模多機能型居宅介護事業所などの介護保険サービス事業所が高齢者住宅と併設している場合、運営指導では必然的に厳しく見られます。高齢者住宅と併設の介護保険サービス事業所は、まったく別の事業です。介護保険の業務とは明確に区分して管理することを求められます。**明確過ぎるほど、明確に区分することが基本です。**

〈チェック事項〉

1 職員の勤務形態

- □ 勤務形態が高齢者住宅の業務と明確に分かれているか
- □ 兼務の場合は、事前に勤務シフトが決められているか
- □ 介護保険サービス事業所の配置時間に、むやみに高齢者住宅の居宅部分に立ち入っていないか
- □ 常勤・専従の職員が、高齢者住宅の職員を実質的に兼務していないか
- □ 資格のない高齢者住宅の職員が業務を担当していないか

2 利用者へのサービス提供

- □ サービス提供時間中に自分の部屋に戻っていないか
- □ ケアプラン上のサービス実施日以外に介護保険によるサービスを提供していないか
- □ サービス提供時間中の往診や通院はないか

1 職員の勤務形態

- 高齢者住宅の1階に介護保険サービス事業所が併設されていると、同じ会社が運営することもあって建物全体を1つの事業所と考えてしまい、介護保険サービス事業所の職員がサービス提供の合間に、住宅部分の掃除を手伝ったり、食事を準備したりと業務の境が曖昧になりがちです。しかし、運営指導では曖昧な業務分担を極端に嫌います。住宅部分（高齢者住宅）の運営と介護保険サービス事業所の運営を混同してはいけません。

2 利用者へのサービス提供

- 同じ建物内に高齢者住宅と介護保険サービス事業所があると、利用者も建物全体を自宅のように考えがちです。1階の介護保険サービス事業所を利用しているはずの利用者が自分の部屋でテレビを見ているような場合、利用者が自宅に戻った段階でサービスは中断しますので、**この時間を含んで介護報酬を請求すると不正請求となります。**

(3) 共生型サービス

1 共生型サービスとは

　平成 30 年 4 月から、高齢者（介護保険の利用者）と障害者（障害福祉サービスの利用者）が同じ事業所でサービスを受けやすくするため、「共生型サービス」が創設されました。

　小規模多機能型居宅介護事業所においては、この共生型サービスを利用することで、現状の体制のままでも障害者を受け入れることが可能になりますので、制度のポイントをおさえておきましょう。

- 共生型サービスは、**介護保険サービスの指定を受けた事業所であれば、基本的に障害福祉（共生型）の指定を受けられる**という制度です。
- 小規模多機能型居宅介護事業所において、共生型サービスの対象となる障害福祉サービスは以下の通りです。
    a　生活介護
    b　自立訓練（機能訓練・生活訓練）
    c　児童発達支援
    d　放課後等デイサービス
    e　短期入所（ショートステイ）
- 小規模多機能型居宅介護事業所が上記の共生型サービスの対象となる障害福祉サービスの指定を受ける際に、障害福祉サービス側の人員配置など指定基準を満たしていない場合は、基準該当サービス相当の報酬に設定された「共生型サービス費」を算定することになります。

　共生型サービス費であっても、**配置する人員について一定の資格要件を満たしている場合は、資格に対応した加算を算定**することができます。具体的には、サービス管理責任者配置等加算、共生型サービス体制強化加算、福祉専門職員配置等加算が設けられています。
- 介護保険サービスと障害福祉サービスを併設するメリットは、同じサービス内容であれば、介護保険の区分支給限度額を超過した分から障害福祉サービスの請求に切り替えが可能であることです。

(3) 共生型サービス

> **ポイント** 共生型サービス費は「基準を満たさない場合」の報酬です！
>
> 「共生型サービス費」は、あくまでも障害福祉サービスの指定基準を満たしていない場合の報酬費です。
> 小規模多機能型居宅介護事業所が障害福祉サービスの指定基準をすべて満たしている場合は、通常の障害福祉サービスの報酬を算定することができます。障害福祉サービスの各種加算についても、指定障害福祉サービス等と同様の算定要件を満たせば算定可能です。

> **注意！** 共生型サービスは「同じ場所で」「同時に」提供することが原則！
>
> 共生型サービスは、要介護者と障害者等に「同じ場所で」「同時に」提供することを想定しています。
> そのため、例えば、午前中に要介護者に対して小規模多機能型居宅介護、午後の放課後の時間に障害児に対して放課後等デイサービスを提供するような場合は、共生型サービスとしては認められません。

2 共生型で算定する障害福祉サービス費

生活介護

報酬・加算減算名	単位数
●基本報酬費	
共生型生活介護サービス費（Ⅱ）	859 単位
●主要な減算・加算	
開所時間減算	
開所時間が4時間未満	× 50/100
開所時間が4時間以上6時間未満	× 70/100
短時間利用減算	
利用時間5時間未満の利用者が全利用者の50％以上	× 70/100
サービス管理責任者配置等加算	+58 単位/1日

自立訓練（機能訓練）

報酬・加算減算名	単位数
●基本報酬費	
共生型機能訓練サービス費	721 単位
●主要な減算・加算	
サービス管理責任者配置等加算	+58 単位/1日

自立訓練（生活訓練）

報酬・加算減算名	単位数
●基本報酬費	
共生型生活訓練サービス費	690 単位
●主要な減算・加算	
サービス管理責任者配置等加算	+58 単位/1日

(3) 共生型サービス

児童発達支援

報酬・加算減算名	単位数
●基本報酬費	
共生型児童発達支援給付費	682 単位
●主要な減算・加算	
開所時間減算	
開所時間が 4 時間未満	× 70/100
開所時間が 4 時間以上 6 時間未満	× 85/100
共生型サービス体制強化加算	
児童発達支援管理責任者かつ保育士又は児童指導員の場合	+181 単位
児童発達支援管理責任者の場合	+103 単位
保育士又は児童指導員の場合	+78 単位
共生型サービス医療的ケア児支援加算	+400 単位

放課後等デイサービス

報酬・加算減算名	単位数
●基本報酬費	
共生型放課後等デイサービス給付費	
(1) 授業終了後に行う場合	430 単位
(2) 休業日に行う場合	507 単位
●主要な減算・加算	
開所時間減算　※ (2) のみ	
開所時間が 4 時間未満	× 70/100
開所時間が 4 時間以上 6 時間未満	× 85/100
共生型サービス体制強化加算	
児童発達支援管理責任者かつ保育士又は児童指導員の場合	+181 単位
児童発達支援管理責任者の場合	+103 単位
保育士又は児童指導員の場合	+78 単位
共生型サービス医療的ケア児支援加算	+400 単位

短期入所

報酬・加算減算名	単位数
●基本報酬費	
共生型短期入所（福祉型）サービス費（Ⅰ）	784単位
共生型短期入所（福祉型）サービス費（Ⅱ）	240単位
共生型短期入所（福祉型強化）サービス費（Ⅰ）	1,013単位
共生型短期入所（福祉型強化）サービス費（Ⅱ）	471単位
●主要な減算・加算	
福祉専門職員配置等加算	
（Ⅰ）常勤の生活支援員のうち、社会福祉士等の資格保有者が35％以上雇用されている場合	+15単位
（Ⅱ）常勤の生活支援員のうち、社会福祉士等の資格保有者が25％以上雇用されている場合	+10単位

〈加算の概要〉

○サービス管理責任者配置等加算

　サービス管理責任者等の配置に加え、地域貢献の活動（地域交流の場の提供など）を実施している場合に、1日につき58単位を算定できます。

　生活介護と自立訓練を提供する小規模多機能型居宅介護事業所で算定が可能です。

○共生型サービス体制強化加算

　児童発達支援管理責任者や保育士、児童指導員の配置を評価するもので、配置の状況によって加算できる単位数が異なります。

　児童発達支援と放課後等デイサービスを提供する小規模多機能型居宅介護事業所で算定が可能です。

・児童発達支援管理責任者を配置：103単位
・保育士か児童指導員を配置：78単位
・児童発達支援管理責任者に加えて、保育士か児童指導員を配置：181単位

○福祉専門職員配置等加算

　常勤の生活支援員のうち、社会福祉士、介護福祉士、精神保健福祉士、公認心理師の配置に加え、地域貢献の活動を実施している事業所を評価するもので、資格保有者の割合に応じて2種類の加算があります。短期入所を提供する小

規模多機能型居宅介護事業所で算定が可能です。
・資格保有者の割合が35％以上：15単位
・資格保有者の割合が25％以上：10単位
○共生型サービス医療的ケア児支援加算
　看護職員又は認定特定行為業務従事者を1人以上配置している共生型児童発達支援事業所又は共生型放課後等デイサービス事業所が、医療的ケア児に対してサービスを提供した場合に、1日につき400単位を算定できます。
　ただし、医療連携体制加算を算定している場合は、算定できないので注意が必要です。

〈減算についての注意点〉
　介護保険と同様に、障害福祉サービスにもさまざまな減算があります。
　適用される減算はサービスによって異なりますので、確認しておくと共に、利用定員や人員配置に関するものについては注意が必要です。
○定員超過利用減算
　要介護者と障害児者との合計が利用定員を超えた場合には、介護給付と障害給付の両方で定員超過利用減算の対象となります。
○人員基準欠如減算
　小規模多機能型居宅介護、障害福祉サービスのいずれかの事業所として人員基準上満たすべき員数を下回った場合には、介護給付と障害給付の両方で人員基準欠如減算の対象となります。

著者紹介

小濱　道博（こはま　みちひろ）

小濱介護経営事務所代表。

北海道札幌市出身。全国で介護事業の経営支援、コンプライアンス支援を手がける。介護経営セミナーの講師実績は、北海道から沖縄まで全国で年間250件以上。個別相談、個別指導も全国で実施。全国の介護保険課、介護関連の各協会、社会福祉協議会、介護労働安定センター等主催の講演会での講師実績も多数。C-MAS介護事業経営研究会 最高顧問、C-SR一般社団法人医療介護経営研究会専務理事なども兼ねる。

サービス・インフォメーション
─── 通話無料 ───
① 商品に関するご照会・お申込みのご依頼
　　TEL 0120(203)694／FAX 0120(302)640
② ご住所・ご名義等各種変更のご連絡
　　TEL 0120(203)696／FAX 0120(202)974
③ 請求・お支払いに関するご照会・ご要望
　　TEL 0120(203)695／FAX 0120(202)973

● フリーダイヤル(TEL)の受付時間は、土・日・祝日を除く9：00～17：30です。
● FAXは24時間受け付けておりますので、あわせてご利用ください。

令和6年度介護報酬改定対応
運営指導はこれでOK！
おさえておきたい算定要件
【小規模多機能・グループホーム編】

2024年10月10日　初版発行

著　者　　小　濱　道　博
発行者　　田　中　英　弥
発行所　　第一法規株式会社
　　　　　〒107-8560　東京都港区南青山2-11-17
　　　　　ホームページ　https://www.daiichihoki.co.jp/

ブックデザイン　タクトシステム株式会社
イラスト　後藤ひろみ

運営指導小グ6　ISBN 978-4-474-01769-6　C2036 (9)